用于国家职业技能鉴定
YONGYU GUOJIA ZHIYE JINENG JIANDING
国家职业资格培训教程
GUOJIA ZHIYE ZIGE PEIXUN JIAOCHENG

营业员

（初级）

编审委员会

主　任　刘　康
副主任　张亚男
委　员　张丽君　武静茹　刘风军　宋　清　徐耀庆
　　　　刘国成　张雪芬　左振龙　陈　蕾　张　伟

编审人员

主　编　武静茹
副主编　徐耀庆　张雪芬
编　者　武静茹　张雪芬　刘　宇　严群礼　王成荣
　　　　徐耀庆　沈宝燕　胡春平　张　慧　尹颖汤
　　　　杜海霞　左振龙　杜敬民　王建如　于达坤
　　　　穆朝阳　宋　清　周智钢　李　伟　李世民
主　审　张丽君
审　稿　李祥波

中国劳动社会保障出版社

图书在版编目(CIP)数据

营业员：初级/中国就业培训技术指导中心组织编写. —北京：中国劳动社会保障出版社，2012

国家职业资格培训教程

ISBN 978-7-5045-9494-5

Ⅰ.①营… Ⅱ.①中… Ⅲ.①商业服务-技术培训-教材 Ⅳ.①F718

中国版本图书馆 CIP 数据核字(2012)第 006737 号

中国劳动社会保障出版社出版发行

(北京市惠新东街 1 号 邮政编码：100029)

出 版 人 ：张梦欣

*

中国标准出版社秦皇岛印刷厂印刷装订 新华书店经销

787 毫米×1092 毫米 16 开本 9.5 印张 162 千字

2012 年 2 月第 1 版 2021 年 8 月第 14 次印刷

定价：18.00 元

读者服务部电话：(010) 64929211/84209101/64921644

营销中心电话：(010) 64962347

出版社网址：http://www.class.com.cn

前 言

为推动营业员职业培训和职业技能鉴定工作的开展，在营业员从业人员中推行国家职业资格证书制度，中国就业培训技术指导中心在完成《国家职业技能标准·营业员》（2010年修订）（以下简称《标准》）制定工作的基础上，组织参加《标准》编写和审定的专家及其他有关专家，编写了营业员国家职业资格培训系列教程。

营业员国家职业资格培训系列教程紧贴《标准》要求，内容上体现“以职业活动为导向、以职业能力为核心”的指导思想，突出职业资格培训特色；结构上针对营业员职业活动领域，按照职业功能模块分级别编写。

营业员国家职业资格培训系列教程共包括《营业员（基础知识）》《营业员（初级）》《营业员（中级）》《营业员（高级）》《营业员（技师）》5本。《营业员（基础知识）》内容涵盖《标准》的“基本要求”，是各级别营业员均需掌握的基础知识；其他各级别教程的章对应于《标准》的“职业功能”，节对应于《标准》的“工作内容”，节中阐述的内容对应于《标准》的“技能要求”和“相关知识”。

本书是营业员国家职业资格培训系列教程中的一本，适用于对初级营业员的职业资格培训，是国家职业技能鉴定推荐辅导用书，也是初级营业员职业技能鉴定国家题库命题的直接依据。

本书第一章由张雪芬、刘宇、严群礼（北京市商业学校）编写，第二章由王成荣、徐耀庆、沈宝燕、胡春平、张慧、尹颖汤、杜海霞（北京财贸职业学院）编写，第三章由左振龙、杜敬民、王建如、于达坤、穆朝阳（北京市供销学校）、宋清、周智钢（北京长益信息科技有限公司）、李伟、李世民（北京蓝岛大厦）编写，武静茹（中国商业联合会）主编。张丽君、李祥波（中国商业联合会）审稿。

本书在编写过程中，中国商业联合会协助组织各位专家并做了大量工作，北京长益信息科技有限公司等单位给予了大力支持，许多同行专家和学者也给予了关心和帮助，在此一并表示衷心的感谢。

中国就业培训技术指导中心

目　录

CONTENTS　国家职业资格培训教程

第1章

营业准备

第1节　清　洁

学习单元1　清洁营业场地及设备设施

学习目标

- ➢了解需要清洁的部位和相关规定。
- ➢掌握营业场所、设备设施清洁工作的方法。
- ➢能够完成营业场所、设备设施的清洁工作。

知识要求

一、清洁售货现场的范围

清洁售货现场的范围主要包括：所辖货场区域（柜组内外）的地面、墙壁、通道、货架、展柜、展示台、柜台等部位。根据所售商品的不同，摆放、陈列、存储代售商品的设备设施也各有不同。

百货服装类商品常用设备设施包括货柜、柜台、展架、试衣间等，如图 1—1 所示。

图 1—1　百货服装类商品常用设备设施

副食生鲜类商品常用设备设施包括柜台、货架、冷藏柜、冷冻柜、鱼池、货台、大案板、操作间等。

家用电器类商品常用设备设施包括地展台、悬挂墙、小家电展示架、演示台等。

体育健身类商品常用设备设施包括悬挂墙、展示台、商品排列展卖区、试用区等。

儿童用品、玩具类商品常用设备设施包括展示台、货柜、货台、小型儿童娱乐区等。

二、清洁售货现场的标准

售货现场如图 1—2 所示，要求所辖区域内无垃圾、无污迹、无尘土、无与销

图 1—2　售货现场

售商品无关的杂物。具体应达到以下几个标准：

（1）无垃圾。在营业之前要检查前一天的垃圾是否清扫完毕，如废纸、包装袋、包装盒、塑料带等被遗弃的废物。如未清理，应及时清扫干净。

（2）无杂物。营业员不能随便携带任何私人物品到营业场所，私人物品是指挎包、背包、手袋、饭盒等。

（3）无尘土。由于商场客流量较大及物品频繁进出，带进来的尘土会落在货架、货柜上，因此营业前必须进行清扫和擦拭。

（4）无死角。死角是商场不容易被发现，或者不容易清理和打扫的地方，时间越长，打扫起来就越困难、费时、费劲。作为一名营业员，要坚持每天对区域内的卫生死角（如货架、货柜边角，垃圾桶旁等）进行清扫并擦拭。

（5）门窗、玻璃擦拭明亮。将门窗、柜台玻璃、货架隔板、广告牌擦拭明亮，将顾客用的试衣间门、镜子、凳子、试衣鞋等擦拭干净并消毒。

（6）空气流通。保持区域空气流通，定时将门窗打开，进行通风换气，保持良好的通风环境。

三、清洁售货现场的要求

（1）卖场整体面貌清新、整洁、干净，方便经营，不影响工作。

（2）各种展台、货架、柜台等展具清洁，无灰尘。

（3）店内通道、电梯、楼道、试衣间等场所干净、整洁。

（4）各种信息吊牌、宣传广告清洁、整齐、醒目。

（5）各种展示商品、待售商品清洁，无灰尘。

（6）操作间保持清洁干净。

（7）地面无积水、无垃圾，且保持通道宽敞，不堵塞。

技能要求

清洁营业场所及设备设施操作

一、操作准备

所需准备工具包括笤帚、拖把、梯子、抹布、水盆等。

二、操作步骤

步骤 1　整理、清扫地面

首先要清理售货场所，整理并清除妨碍顾客及营业的物件，将开箱、拆包剩下的包装物等堆码或捆扎好，放于售货区域以外。用笤帚清扫所辖区域地面，将场地内的垃圾倒入垃圾桶，如图 1—3 至图 1—5 所示。

图 1—3　清理售货场所

图 1—4　用笤帚清扫

图 1—5　将场地内的垃圾倒入垃圾桶

步骤 2　用拖把清洁地面

拖把过水投洗干净，拧至八成干，擦洗地面两遍，如图 1—6、图 1—7 所示。

步骤 3　擦拭货架、货柜、展示台、柜台面

抹布过水投洗干净，拧至八成干，擦拭货架两遍，再用干毛巾均匀地擦拭，如图 1—8、图 1—9 所示。

图 1—6　拖把过水投洗干净

图 1—7　用拖把清洁地面

图 1—8　抹布过水投洗干净

步骤 4　清洁、整理陈列商品

先用八成干的毛巾擦拭商品外包装，再用干毛巾均匀地擦拭。有些不能用毛巾擦拭的商品，如展示的服装类商品，可用掸子除尘，然后进行整理，如图 1—10、图 1—11 所示。

图 1—9　擦拭货柜

图 1—10　清洁陈列商品

图 1—11　展示的服装类商品

步骤 5　清洁操作台面及附属用具

先用湿毛巾将操作台面及附属用具（如计算器、笔、小票夹、包装袋、包装纸等）擦拭一遍，再用干毛巾擦拭。注意：不能沾水的物品要用干毛巾擦拭，如图 1—12 所示。

图 1—12　清洁操作台面及附属用具

三、注意事项

（1）清扫地面时应尽量避免尘土飞扬，以防污染商品。

（2）对于经营食品类商品的柜台，清洁时商品必须加盖，避免污染。

（3）擦拭货架、展示台等商品陈列台面和挪动商品时应注意轻拿轻放，避免损坏。

学习单元 2　清洁商品

学习目标

- 了解清洁商品的原则。
- 掌握不同类型商品清洁的方法。
- 能够对不同包装类型商品进行清洁。

知识要求

一、清洁商品的原则

1. 清洁商品时必须保持商品原貌

清洁商品时必须做到不损坏商品外部形象，以保持商品原有面貌为原则。

2. 针对不同商品采取不同的清洁方式

了解销售商品和备用商品清洁要领及要求。对不同种类、不同包装的商品应采取不同的清洁方式，如纸制品包装不能用湿毛巾擦拭。

3. 特殊商品需按特殊要求清洁

对于特殊商品，必须按照其特殊要求进行清洁。例如陶瓷、玻璃等易碎商品，必须轻拿轻放，避免磕碰，用干毛巾擦拭；擦拭液体商品时，要直立拿放并擦拭；清洁家用电器时，要切断电源，断电后才能进行擦拭；在进行环境清洁时，要对食品类商品进行遮盖和遮挡，接触食品的工具必须经过消毒。

二、不同类型商品的清洁

（1）清洁搪瓷制品类商品时，注意不能撞击，撞击后会使瓷釉脱落或损伤，不仅影响美观，还会影响使用寿命。清洁时应用软布擦拭，不能使用硬质工具清洁，以免损坏瓷面。

（2）清洁玻璃制品类商品时，要轻拿轻放，不可碰撞，摆放要平稳。另外，玻璃的稳定性差，对温度的急变性有一定的限度，不可用过热的水进行擦拭，更不能用热水擦拭后紧跟着再用冷水擦拭，这样会导致玻璃制品炸裂。

（3）清洁陶瓷制品类商品时，要轻拿轻放，擦拭时不能用力过大，手要握稳，确保清洁商品的安全。

（4）五金家电类商品主要包括照明器材、电器电料、空调、洗衣机、电冰箱、音响、计算机、通信设备、电动炊具等。清洁五金家电类商品时必须注意安全，防止触电或火灾发生；清洁时切记要切断电源，在确保断电的情况下进行清洁；擦拭电器时要用麂皮，不能用湿布，如果用湿布擦拭不仅会有安全隐患，而且会留下水印，影响机器美观，从而影响销售。

（5）清洁服装类商品时，不能用湿布擦洗，可用吸尘器清洁，手握吸尘器，对准服装自上而下地吸尘。一般情况下，服装清洁采用的是“抖”的方法，即双手捏住上衣两肩进行抖动，使尘土落下。

（6）无包装商品的清洁

1）无包装商品分为两大类，一类主要是指在展台、衣架上裸露放置的样品，主要起到展示作用，便于顾客接触、试穿、选择；另一类主要是食品，又可分为散装面食、熟食（可直接食用）和生鲜食品（需要再烹制）。

2）无包装商品的清洁方法。各种商品应根据其材料的不同经常进行整理、清扫、擦拭，并及时更换，始终保持其靓丽、崭新的商品形象。可直接食用的商品，必须保证其存放环境及卫生条件符合食品卫生规范要求。生鲜食品应及时查看、挑拣整理，保证商品的新鲜度。

三、不同包装类型商品的清洁

1. 商品销售包装分类知识

销售包装是指一件商品为一个销售单元的包装形式，称为个体包装；或若干件单体商品组成一个小的整体包装，称为小包装。销售包装的特点一般是包装件小，对包装技术要求美观、安全、卫生、新颖、易于携带，印刷装潢要求较高。销售包装一般随商品销售给顾客，起到直接保护商品、宣传和促进商品销售的作用，同时也起到保护优质名牌商品、以防假冒的作用。

销售包装按包装材料分类，一般可分为纸制、木制、金属、塑料、玻璃与陶瓷、纤维制品、复合材料等。具体为：

（1）纸制包装是指以纸与纸板为原料制成的包装，包括瓦楞纸箱、纸盒、纸袋、纸管、纸桶等。

（2）木制包装是指以木材、木材制品和人造板材（如胶合板、纤维板等）制成的包装，主要有木箱、木桶、木盒等。

（3）金属包装是指以黑铁皮、白铁皮、马口铁、铝箔、铝合金等制成的各种包装，主要有铁盒、铁罐、铁桶等。

（4）塑料包装是指以人工合成树脂为主要原料的高分子材料制成的包装，主要有塑料桶、塑料盒、塑料瓶、塑料袋等。

（5）玻璃与陶瓷包装是指以硅酸盐材质玻璃与陶瓷制成的包装，主要有玻璃瓶、玻璃罐、陶瓷罐、陶瓷瓶、陶瓷坛、陶瓷缸等。

（6）纤维制品包装是指以棉、麻、丝、毛等天然纤维和以人造纤维、合成纤维制品制成的包装，常用的有布袋、编织袋等。

（7）复合材料包装。复合材料是指两种以上不同性质的材料，复合材料的基体材料分为金属和非金属两大类。金属基体常用的有铝、镁、铜、钛及其合金，非金属基体主要有合成树脂、橡胶、陶瓷、石墨、炭黑等。增强材料主要有玻璃纤维、碳纤维、硼纤维、芳纶纤维、碳化硅纤维、石棉纤维、晶须、金属丝和硬质细粒等。复合材料耐热性能好，常用的有镀铝膜、铝箔复合膜、真空镀铝纸、复合膜、复合纸等。

2. 不同包装类型商品的清洁方法

（1）纸制、木制、纤维制品包装的商品只能采用干布擦拭、掸扫的方法进行清洁，避免沾水。

（2）金属、塑料包装的商品可采用半干抹布擦拭，但要注意避免留下痕迹。

（3）玻璃与陶瓷包装的商品可采用湿布擦拭。

技能要求

清洁商品操作

一、操作准备

（1）玻璃酒杯、陶瓷茶具等商品。

（2）所需准备工具包括抹布、水盆、掸子等。

二、操作步骤

步骤 1　取下商品

按顺序把货架、展示台上的商品自上而下地逐一取下，如图 1—13 所示。

步骤 2　擦拭或掸扫

轻轻拿起商品，将每件商品逐一擦拭（或掸扫），方法是由里向外、自上而下地进行，如图 1—14 所示。

图 1—13　取下商品

图 1—14　擦拭商品

步骤 3　清洁待上架商品

打开包装箱，首先要清点商品，然后从箱子上层开始，分层对待上架商品进行整理和擦拭，如图 1—15 所示。

步骤 4　放置商品

按自上而下的顺序，将清洁后的商品放回货架和展示台上，如图 1—16 所示。

图 1—15　清洁待上架商品

图 1—16　将商品放回原处

步骤 5　自查商品清洁状况

自查所辖货架、展示台所摆放商品的清洁状况是否符合要求，如图 1—17 所示。

图 1—17　自查商品清洁状况

三、注意事项

（1）搬动、拿取商品时要轻拿轻放，避免损坏。

（2）清洁商品时要根据商品包装和商品材质的特点，采取不同的清洁方式。

（3）擦拭商品时注意抹布不能过湿，避免在商品上留下擦拭痕迹。

学习单元3 清洁商品广告和陈设

学习目标

- 了解清洁商品广告和陈设的知识。
- 掌握清洁商品广告和陈设的方法。
- 能够完成对货场内商品广告和其他陈设的清洁工作。

知识要求

企业做广告有其明确的商业目的。一方面是为了提高商品的认知度或知名度，树立良好的品牌形象，增强消费者对品牌的偏爱度和忠诚度，但最终是为了扩大销售，增加企业营业额，获取更多的利润；另一方面，企业在做广告宣传的同时，也提高了企业的社会效益，让更多的消费者了解企业、宣传企业，提高企业的美誉度和知名度。

营业现场广告是广告形式中的一种，是指在购买场所和零售商店内部设置的展销专柜以及在商品周围悬挂、摆放与陈设的可以促进商品销售的广告。

在购买场所、零售商店的周围、内部以及在商品陈设的地方所设置的广告物，都属于商品宣传广告，利用广告强烈的色彩、美丽的图案、突出的造型、准确而生动的语言，可以营造出强烈的销售气氛，吸引消费者的视线，激发其购买欲望。

商品广告具有新产品告知功能，唤起消费者潜在购买意识功能，配合营业员介绍功能，创造销售气氛功能，提升企业形象功能等。

陈设一般是指摆放在商品广告旁的物品，主要是为了突出商品广告的立体感和美感，实现引导消费的目的。

一、商品广告的材质和类型

1. 按纸质分类

（1）有光纸：一面有光的纸，用于手写广告。

（2）书写纸：用于印刷或打印商品广告。

（3）双胶纸：用于制作粘贴在货架、货柜上的广告。

（4）打字纸：用于打印或手写商品广告，分为白、红、黄、蓝、绿、淡绿、紫等多种颜色。

（5）铜版纸：双面铜版纸一般用于印刷高档广告，单面铜版纸用于纸盒、纸箱、手提袋等的广告印刷。

2. 按塑质分类

（1）软质塑料：一般用于易拉宝广告、悬挂式广告等通过喷塑制成的广告。

（2）硬质塑料：一般用于制作灯箱或货架、货柜上摆放的商品广告牌等。

3. 按广告制作类型分类

商品广告种类繁多，分类方法各异。如果从使用功能上分类，商品广告大致可分为以下四类：悬挂式广告、易拉宝广告、货架张贴广告、壁板广告。

（1）悬挂式广告：一般是指悬挂在营业场所上部或顶部，从顶部直接向下延伸的广告。此种广告使用较普遍，一般分为吊旗和吊挂物等，如图 1—18 所示。

图 1—18　悬挂式广告

（2）易拉宝广告：一般是指在营业通道或促销专柜旁直接摆放于地面上的立式广告，如图 1—19 所示。

图 1—19　易拉宝广告

（3）货架张贴广告：一般是指粘贴在货架旁的广告，如图 1—20 所示。

图 1—20　货架张贴广告

（4）壁板广告：一般是指粘贴在墙面或展板上的广告，如图 1—21 所示。

图 1—21　壁板广告

二、商品广告的清洁要求

商品广告的摆放位置必须准确适当；广告内容应正确，灯光照明设施应保证完好并能正常使用，灯泡、灯罩应无污渍，保持整洁干净。在进行商品广告清洁时，要采用适当的方法，保持广告和商品原样，美观、明亮、醒目，不得有污渍等。

商品广告和陈设的清洁要领是：

（1）纸质广告清洁时不得沾水，用干毛巾擦拭并保持整洁干净，无污渍。

（2）喷塑制品广告要采用掸扫的方法进行清洁，避免沾水留下痕迹。

（3）对于损坏的商品广告应及时撤换，确保广告完整、美观。

（4）陈设的商品要根据不同的材质采用不同的方法进行清洁，贵重和易碎商品要轻拿轻放，确保安全。

技能要求

清洁商品销售广告和陈设操作

一、操作准备

（1）各种形式的商品销售广告和陈设若干。

（2）备齐所需工具，包括抹布、水盆、掸子等。

二、操作步骤

步骤 1　检查广告状况

查看广告的悬挂位置、牢固程度及清洁状况，如图 1—22 所示。

步骤 2　擦拭或掸扫商品广告

一只手按住商品广告，另一只手用干净抹布轻轻擦拭，方法是从上到下、从高到低、由里向外地进行擦拭或掸扫，避免尘土掉落，如图 1—23 所示。

步骤 3　调整、清洁广告

发现广告位置不当或不够牢固等情况，应及时调整，将广告摆放牢固，如图 1—24 所示。

图 1—22　检查广告状况

图 1—23　擦拭或掸扫商品广告

图 1—24　调整、清洁广告

步骤 4　查看销售场地设备设施

查看销售场地设备设施，如试鞋椅、试衣镜等的摆放位置及清洁状况，如图 1—25 所示。

图 1—25　查看销售场地设备设施

步骤 5　清洁销售场地陈设物品

发现陈设物品摆放位置不当，应及时调整；用干净抹布从上到下、由里向外地进行擦拭，如图 1—26 所示。

图 1—26　清洁销售场地陈设物品

三、注意事项

（1）清洁商品销售广告时，应根据其不同特点和质地，采取不同的清洁方式。

（2）擦拭商品销售广告时，注意抹布不能过湿，避免在广告上留下擦拭痕迹，影响美观。

第 2 节　整　理

学习单元 1　备齐各种票据

学习目标

➢了解各种票据的有关知识。

➢掌握各种票据的使用方法。

➢能够准备营业中所需要的票据。

知识要求

一、票据的种类

销售现场所需票据一般包括以下几种：

1. 销售小票

销售小票是商场销售商品，并与顾客交易成功后的销售凭证。销售小票在销售商品时使用，是顾客购物的凭证，也是收款台应收款项的凭证，一式三联，同时作为款台入账凭证、柜组销售凭证和顾客购物凭证，如图 1—27 所示。

2. 进销存台账

进销存台账（见表 1—1）是记载商品进货、销售、库存的台账。进销存台账用于上货和销售货物，起到记录的作用，使营业员对日常柜组货物进出做到心中有数，为盘货、清点做好准备。

3. 销售日报表

销售日报表（见表 1—2）是记载营业员每日销售商品情况的报表。销售日报

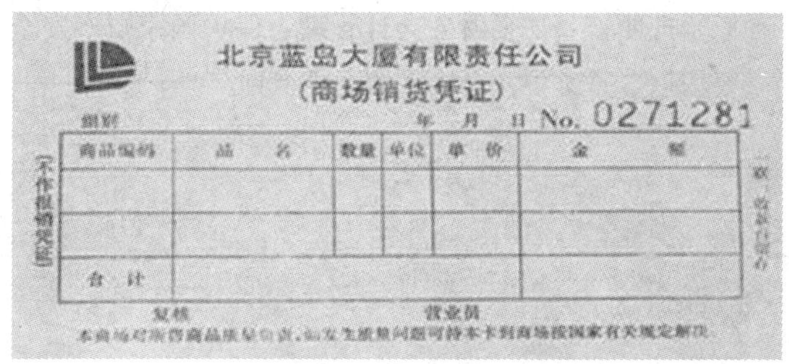

北京蓝岛大厦有限责任公司
（商场销货凭证）

组别　　　　年　月　日 No. 0271281

商品编码	品　名	数量	单位	单　价	金　额
合　计					

复核　　　　营业员

（不作报销凭证）

图 1—27　销售小票

表 1—1　　　　进销存台账

编号：　　　　规格：　　　　商品名称：

年		凭证		摘要	购进			销售			借或贷	结存		
月	日	种类	号数		数量	单价	金额	数量	单价	金额		数量	单价	金额

表 1—2　　　　销售日报表

柜组：

销售日期	商品编号	商品名称	单价	金额	合计

营业员：

表用于一天营业结束时营业员填写当天销售情况，上报柜组商品会计以便汇总，起到初步统计的作用。

4. 发票

发票（见图 1—28）是指单位和个人在购买商品、提供劳务或接受服务以及从事其他经营活动时，提供给对方的收付款的书面证明，是财务收支的法定凭证，是会计核算的原始依据，也是审计机关、税务机关执法检查的重要依据。发票是记录经营活动的一种原始证明，是加强财务会计管理、保护国家财产安全的重要手段，是税务稽查的重要依据，是维护社会秩序的重要工具。

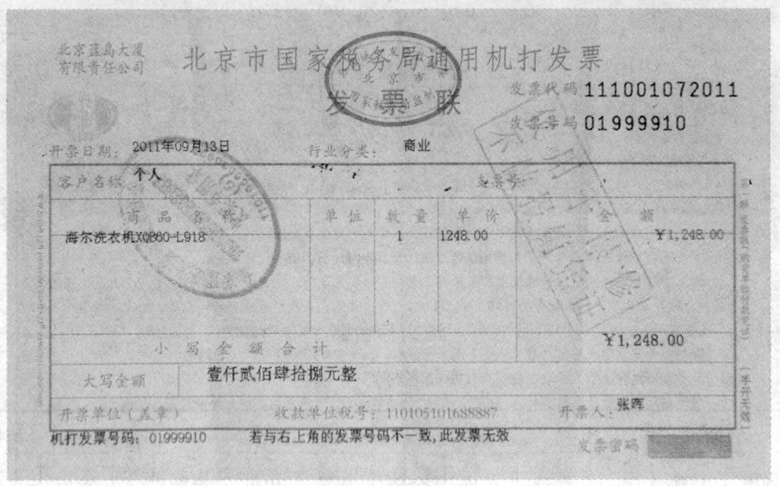

北京蓝岛大厦有限责任公司

北京市国家税务局通用机打发票

发票联

发票代码 111001072011

发票号码 01999910

开票日期：2011年09月13日　　行业分类：商业

客户名称	个人			支票号
商品名称	单位	数量	单价	金额
海尔洗衣机XQB60-L918		1	1248.00	￥1,248.00
小写金额合计				￥1,248.00
大写金额	壹仟贰佰肆拾捌元整			

开票单位（盖章）　　收款单位税号：110105101688887　　开票人：张辉

机打发票号码：01999910　　若与右上角的发票号码不一致，此发票无效

发票密码

图 1—28　发票

二、销售小票的有关规定

销售小票是每天工作中必不可少的销售工具，是考核营业员工作业绩的重要依据。因此，加强营业员对销售小票的认识和掌握有着十分重要的意义。

1. 销售小票的领用

各柜组指定专人统一到财务部领取，并核查有无漏号、残损等情况。

2. 正常销售时销售小票的开具要求

（1）填写应正确规范，不得缺项、错项；字体清晰可辨，大小写相符。

（2）日期填写必须为标准数字，如 2011 年 02 月 20 日。

（3）正确填写销售小票各个栏目（一式三联），销售小票一般包括以下栏目：柜组名称、日期、商品编码（或条形码，或小类码）、商品名称、单价、数量、金额、合计金额（大小写）、营业员姓名。

（4）销售小票填写要求：项目齐全、字迹工整、不得涂改，数字填写不得连笔。

（5）顾客持会员卡购物时，必须在销售小票上填写（或用铅笔拓印）会员卡卡号。

（6）填写销售小票时应使用带颜色的复写纸（能自行复写的销售小票除外），并保持销售小票清晰一致。

3. 退换货时销售小票的填写要求

退货时销售小票的填写如图 1—29 所示。

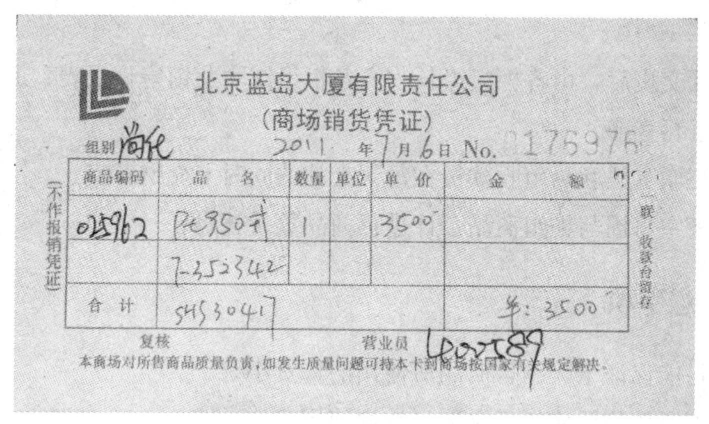

北京蓝岛大厦有限责任公司

（商场销货凭证）

组别　　　2011 年 7 月 6 日 No. 0176976

（不作报销凭证）

商品编码	品名	数量	单位	单价	金额
025962	PE850式	1		3500	
	7-352342				
合计	SH530417				¥: 3500

复核　　　营业员 400589

本商场对所售商品质量负责，如发生质量问题可持本卡到商场按国家有关规定解决。

（一联：收款台留存）

图 1—29　退货销售小票

（1）顾客退商品时开单内容必须与正常销售内容保持一致，不允许不开单私自给顾客退商品，退货销售小票上必须有主管以上管理人员的签字。

（2）柜组营业员应本着积极热情的态度及时处理顾客退换货事宜。首先核对销售凭证，符合商场规定并在自己权限范围内，应立即为顾客处理；不能处理的，及时带顾客到总服务台解决问题，不得以任何理由有意拖延或推卸责任。

（3）退货时用红笔（红色复写纸）填写销售小票（一式三联），顾客应出示退货小票及原购物凭证（电脑小票或发票），管理人员应核对顾客原购物凭证。

（4）楼面管理人员办理退货时，需核对顾客使用何种方式付款，并保存好顾客原购物凭证，如订在收银联上，销售小票的保存期为 3 个月。

4. 销售小票的流转

（1）销售小票一式三联，第一联（黑联）为收银联，第二联（红联）为发货联，第三联（绿联）为顾客联。

（2）收款员收款后，在三联上加盖“现金收讫”或“收款专用”印章及私章，并将第一联（黑联）留下，作为每日营业款项的清缴凭证。

（3）收款员收款后，将第二联（红联）及第三联（绿联）交顾客。

（4）红联作为发货凭证。营业员在发货时，应检查红联是否有收款员盖章。

（5）营业员见单发货，不得先发货后交钱。

（6）绿联作为顾客联，交由顾客保管，是顾客享受售后服务的重要凭证，营业员有义务提示顾客将绿联保存好，以备后用。

（7）不得私自截留顾客联，一经发现，将严肃处理。

5. 销售小票的统计汇总登账

（1）每天下班前，各柜组营业员应根据柜组留存的第二联（红联）编制柜组销售日报表。

（2）每天交班后，由各柜组组长收齐各柜组红联及销售日报表、退换货单交柜组商品会计进行登账。

（3）第一联（黑联）由收款员在每天交款的同时上交财务室。

（4）财务室每周与柜组商品会计进行商品数量核对。

三、注意事项

（1）备足能保证全天销售商品所使用的售货小票。

（2）票据所放位置应便于拿取且方便使用。

（3）各种单据应放在固定位置，方便接班人员查找。

学习单元 2 准备销售用具和辅助用品

学习目标

➢了解销售所需用具和辅助用品的有关知识。

➢掌握销售所需用具和辅助用品的使用方法。

➢能够准备营业中所需各种销售用具和辅助用品。

知识要求

一、销售所需用具和辅助用品

营业员应根据所售商品需要，了解相应的计量用具、测试用具、销售用具、包扎用具、其他用具及宣传材料等的种类。

计量用具：包括电子秤、尺子、量杯、量筒等度量衡器具，并掌握校准、检验其灵敏度和精确度的方法。

测试用具：包括电笔、万用表、接线板、信号仪、电池、纸张、墨水、穿衣镜等。

销售用具：收款机、销售小票、复写纸、发票、笔、本、计算器等。

包扎用具：包装纸、包装绳、胶条、胶水、彩带等。

其他用具：包括刀、剪、钩、勺、夹、板、杯、碗等备用器具。

宣传材料：主要是与销售商品相关的广告、说明、介绍及图片、模型、声像光盘、软件等。

二、销售所需用具和辅助用品准备要求

销售所需用具和辅助用品的检查及准备是营业前的一项重要工作内容。在准备过程中，应做好以下工作：

1. 准备的销售用具要与所销售的商品相对应

准备的销售用具要与所销售的商品相对应，每个岗位都有不同的销售所需用具，但是销售小票、复写纸、发票、笔、本、计算器等是必须准备的，其他用具要根据岗位需要来确定。例如，卖食品的要准备包装纸、包装袋、包装绳、台秤等用具，如图1—30所示。

图1—30　准备销售用具

2. 销售所需用具和辅助用品准备要齐全

营业前要将销售用具准备齐全，备好营业所需的量，不要出现因缺少销售用具而让顾客等候的情况，准备工作做得细致周到，工具准备齐全，销售工作会正常进行，否则会影响销售时间，甚至影响销售成功率，如图1—31所示。

3. 销售所需用具和辅助用品要放在固定位置

销售所需用具和辅助用品要放在固定位置且摆放整齐，切忌随手乱扔乱放，避免用时东找西寻，影响顾客购物的心情。用完后要放回原处，随时关注用具是否完

图 1—31　备齐销售用具

好，不得影响正常使用，如有不符合要求的用具应及时更换，确保正常经营。例如，试衣镜、试帽镜、试鞋椅凳等擦拭干净后要放在适当的位置，如图 1—32 所示。

图 1—32　试衣间用具

三、注意事项

（1）必须保证各种物品能够正常使用。

（2）各种用具摆放位置应以拿取便利、方便使用为宜。

（3）准备的销售用具和辅助用品要与所经营的商品相适应。

学习单元 3　分类整理包装物

学习目标

- 了解分类整理包装物的知识。
- 掌握分类整理包装物的方法。
- 了解商品包装回收知识，能够对包装物品进行分类整理操作。

知识要求

一、商品包装分类及其作用

商品包装种类繁多，相关商品包装分类如下：

1. 按流通领域的环节分类

（1）小包装。小包装是直接接触商品，与商品同时装配出厂，构成商品组成部分的包装。商品的小包装上多有图案或文字标志，具有保护商品、方便销售、指导消费的作用，如图 1—33 所示。

图 1—33　商品小包装

（2）中包装。中包装是商品的内层包装，通常称为商品销售包装，多为具有一定形状的容器等。它具有防止商品受外力挤压、撞击而发生损坏或受外界环境影响而发生受潮、发霉、腐蚀等变质变化的作用，如图 1—34 所示。

图 1—34　商品中包装

（3）外包装。外包装是商品最外部的包装，又称运输包装。商品的外包装上都有明显的标记。外包装具有保护商品流通安全的作用，如图 1—35 所示。

图 1—35　商品外包装

2. 按包装材料分类

按包装材料分类，商品包装可分为纸类、塑料类、玻璃类、金属类、木材类、复合材料类、陶瓷类、纺织品类、其他材料类等。一般商品包装所用材质以纸制品居多，其次是塑料制品的包装，再次是木制品、玻璃制品的包装。食品、日用品等商品的来货包装，一般采用纸制品的整箱大包装。

二、商品包装的总体要求

1. 适应各种流通条件的需要

要确保商品在流通过程中的安全，商品包装应具有一定的强度，坚实、牢固、耐用。对于不同运输方式和运输工具，还应有选择地利用相应的包装容器和技术处理。总之，整个包装应适应流通领域中的储存运输条件和强度要求。

2. 适应商品特性

商品包装必须根据商品特性，分别采用相应的材料与技术，使包装完全符合商品理化性质的要求。

3. 适应标准化要求

商品包装必须遵循标准化原则，即对商品包装的容（重）量和材料、结构造型、规格尺寸、印刷标志、名词术语、封装方法等加以统一规定，逐步形成系列化和通用化，以便有利于包装容器的生产，提高包装生产效率，简化包装容器规格，节约原材料，降低成本，易于识别和计量，有利于保证包装质量和商品安全。

4. 包装要适量、适度

对销售包装而言，包装容器大小与内装商品相宜，包装费用应与内装商品相吻合。预留空间过大、包装费用占商品总价值比例过高都会有损消费者利益，是误导消费者的“过分包装”。

5. 商品包装要做到绿色、环保

商品包装的绿色、环保要求应从两个方面加以认识。首先，材料、容器、技术本身是对商品和消费者而言的，是安全的和卫生的。其次，包装技法、材料容器等是对环境而言的，是安全的和绿色的。在选择材料和制作方面，应遵循可持续发展原则，节能、低耗、高功能、防污染，可以持续性地回收利用，或废弃之后能安全降解。

三、商品包装物的整理

商品包装物的整理主要是指整理商品的外包装及部分中包装。在柜组上货前，应去除商品的外包装，以商品销售包装直接上架，部分商品也有去除中包装（即可回收的包装）的。商品包装物的整理是营业员的职责，同时也是保护和爱护环境、节能降耗、建设节约型社会的具体行动。

包装物的整理首先是对各类包装物进行分类，将纸类、塑料类、木材类的包装箱分类码放。其次是将可回收再利用物品和无用垃圾分开，然后对可回收物品按包装材料分类方法进行分类，如纸类包装要将包装箱整理并折叠好，塑料类包装要将包装箱整理并码放好，木材类包装要将包装箱整理好以便于搬运。最后是将整理好的包装物送至指定位置并注意包装物的防火安全。整理包装物时需特别注意不应将包装物放置于售货区内及通道上，以免影响正常经营。

学习单元 4　整理陈列商品

学习目标

➢了解整理陈列商品的一般性常识。

➢掌握整理货架商品的方法。

➢能够进行货架、货柜、展示台商品陈列的整理工作。

知识要求

一、整理陈列商品的原则

1. 整洁整齐的原则

陈列的商品要保持整洁整齐是整理陈列商品的基本要求，凡货架、货柜上陈列的商品均要保持清洁卫生，不得有尘土和污渍，发现脏残商品应及时更换，如图1—36 所示。

图 1—36　整理陈列商品

2. 货架丰满的原则

在营业时间内，货架、货柜上陈列的商品要做到种类丰富、花色齐全，无空盒空位。营业员要充分利用销售间隙时间对陈列的商品进行及时清理和补充，并将陈列品按正确位置摆放好，符合先进先出的要求，避免商品与价签不符，造成不必要的麻烦，如图 1—37 所示。

图 1—37　货架丰满

3. 简单美观的原则

营业员在整理陈列商品时要坚持简单美观的原则，将商品摆放美观，突出经营特色，充分利用有限空间，创造美的购物环境，实现促进销售的目标，如图 1—38 所示。

图 1—38　简单美观

二、整理陈列商品的要求

（1）柜台和陈列架内的商品要分层次摆放、全方位展示，开架销售的商品要有小的外包装，整箱及整包商品不准摆放在柜台和陈列架内。

（2）陈列商品要保持丰满，商品摆放紧凑，商品与价签对位，商品售出后要随时整理、及时上货。不得将商品拴绑陈列，陈列模特要保持形象美观、庄重，不得裸体。

（3）不得将破损、脏污的商品摆放在柜台和陈列架内，应及时置于隐蔽处或返库。

三、注意事项

（1）商品标签、包装、保质期等经检查合格。

（2）商品陈列位置正确，符合先进先出的要求。

（3）商品商标应朝向顾客。

（4）商品价签与商品相符，整洁干净，摆放位置正确。

技能要求

整理陈列商品操作

一、操作准备

货架、货柜、展示台、各类商品若干。

二、操作步骤

步骤 1　检查陈列商品

检查陈列商品，查看有无空位、商品包装是否完好、商品有无污渍等，如图 1—39 所示。

图 1—39　检查陈列商品

步骤2 擦拭陈列商品

发现货架、货柜上的商品有污渍等，用毛巾去除包装上的灰尘、污垢等，如图1—40所示。

图1—40 擦拭陈列商品

步骤3 补足商品

查看货架、货柜，发现空位应取相应商品予以补足，注意新上商品放在后面，如图1—41所示。

图1—41 补足商品

步骤4 调整错位商品

检查商品的陈列位置，发现陈列错位商品，应立即使其回归到原货架上，如图1—42所示。

步骤5 整理商品排列

将货架、货柜、展示台上的商品整理好并排列整齐，如图1—43所示。

图 1—42　调整错位商品

图 1—43　整理商品排列

步骤 6　整理商品标签

整理商品标签，将商品标签一律朝外码放，如图 1—44 所示。

图 1—44　整理商品标签

步骤 7　整理商品价签

整理商品价签摆放位置，使商品与价签对位，保证一货一签，如图 1—45 所示。

图 1—45　整理商品价签

三、注意事项

（1）补货时应本着先进先出的原则码放商品。

（2）要特别关注调价商品的价签，避免漏改。

（3）价签摆放要对准商品位置，避免销售环节产生纠纷。

思　考　题

1. 清洁商品时应注意些什么？
2. 营业前需要准备的票据有哪些？
3. 商品包装的分类有哪些？
4. 商品陈列的要求有哪些？

第 2 章

商品销售

第 1 节　介绍商品

学习单元 1　展示商品

学习目标

- 了解展示商品的知识。
- 掌握展示商品的方法。
- 能够根据顾客需要展示商品全貌。

知识要求

一、展示商品的原则

1. 便于选购的原则

为了方便顾客挑选商品，通过展示商品来体现商品特性，如小家电产品需要营业员现场操作展示商品，体现其与其他商品的不同之处，吸引顾客的注意力，从而激发顾客的购买欲望，提高销售成功率。

2. 动感的原则

动感的原则是吸引顾客的眼球，通过展示商品与顾客互动，如利用布料、帽子、围巾等商品，营业员可以自身做模特进行商品展示，边展示商品，边介绍商品特色。同时，采用色彩对比强烈的商品进行搭配，如果色彩单一、缺少亮点，就没有生动感，便难以吸引顾客、留住顾客。

3. 显示美感的原则

无论用什么方法向顾客展示商品，都要充分显示商品的美感、质感、特点和全貌，提升顾客的感性认识，增强购买的联想意识，激发顾客购买商品的欲望。营业员应充分利用所经营的商品，采用色彩搭配的方法正面展示商品，起到美化商品的作用，打动顾客，吸引顾客驻足，达到促进销售的目的。通过适当的色彩搭配，可以提高商品形象的魅力、感染力。对比色搭配较易吸引顾客的注意力，使顾客充分享受购物的乐趣。

二、展示商品的方法

1. 示范性展示

示范性展示是营业员向顾客展示商品，给顾客一种直观感受，从而形成一种联想力，达到示范销售的目的。服装商品适合示范性展示，目前很多商场卖女装的营业员为了展示商品，往往将上衣或大衣穿在自己身上，再佩戴相应的饰品，给顾客一种美的感受，实现引导销售的目的。

2. 局部展示

局部展示是营业员通过对某种商品的操作，展示商品的特点和性能，向顾客介绍商品的方法。例如洗衣机、电冰箱等商品主要是运用局部展示的方法来展示商品的功能，同时与其他商品进行对比，体现该商品的特性。

3. 拆装展示

拆装展示是对商品的各部件进行分解，然后进行组装的过程。在拆解和组装商品的过程中展示商品的性能，使顾客了解商品的特点，知道怎样使用商品，从而产生购买商品的欲望。

4. 品尝展示

品尝展示也称试味展示，是营业员在销售过程中邀请顾客品尝商品味道和口感的展示商品的方法。这种展示方法主要用于食品、饮料等商品的销售活动，展示中将商品分成若干小份额，让顾客免费品尝，激发顾客购买商品的欲望。此法在大型超市中应用比较广泛，是促进销售的一种成熟的展示商品的方法。

三、展示商品的时机

商品展示中最重要的是抓准介绍时机，顾客了解商品之时，就是营业员进行商品展示的最佳时机，目的是为了使顾客了解商品特点，减少挑选时间，激发购买欲望。营业员在做介绍时，可以针对不同的商品采用不同的方法以抓住销售时机。比如，对于服装、鞋帽、饰品等商品，营业员可以让顾客试穿、试用，这样一来，顾客不仅能够进一步了解商品，而且可以引起其丰富的联想，激发其购买欲望。

介绍的时机可掌握在顾客挑选商品，进行比较时；顾客向营业员询问时；顾客犹豫不决，拿不定主意时；顾客与同伴商量时。以上时机都是营业员发挥引导作用、介绍商品的好时机，只要抓准这个时机，交易就会成功。

技能要求

展示商品操作

一、操作准备

准备五类不同的商品：服装、帽子、丝巾、布料、雨伞等。

二、操作步骤

步骤 1　及时做出反应

当顾客对某种商品产生兴趣时应立即做出反应，及时向顾客展示商品，如图 2—1 所示。

图 2—1　商品展示

步骤 2　展示商品

面向顾客双手展示某一商品，先对商品进行正面展示，然后进行背面、侧面展示，如图 2—2 所示。

图 2—2　商品正面、背面、侧面展示

对于折叠的商品，要将商品打开后再展示，如图 2—3 所示。

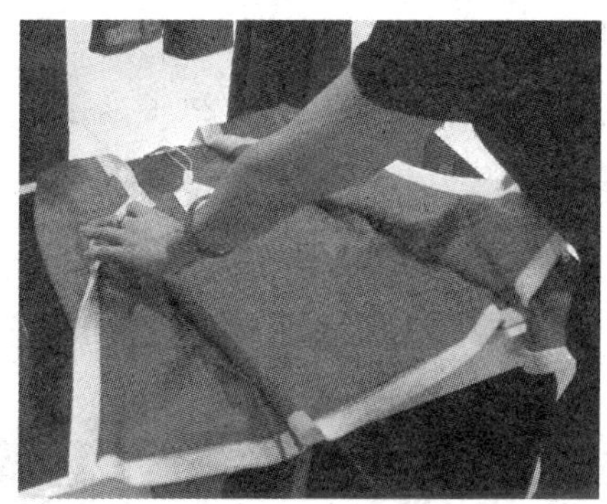

图 2—3　打开商品

步骤 3　组合搭配商品

将准备好的商品进行合理的组合搭配，如图 2—4 所示。

图 2—4　商品搭配

步骤 4　模特展示

将搭配好的商品，以自身为模特或用模特向顾客展示商品，如图 2—5 所示。

图 2—5　模特展示

步骤 5　与顾客互动

介绍展示商品的特点，与顾客互动，如图 2—6 所示。

步骤 6　开具销售小票

展示商品交易成功，开具销售小票，如图 2—7 所示。

图 2—6　与顾客互动

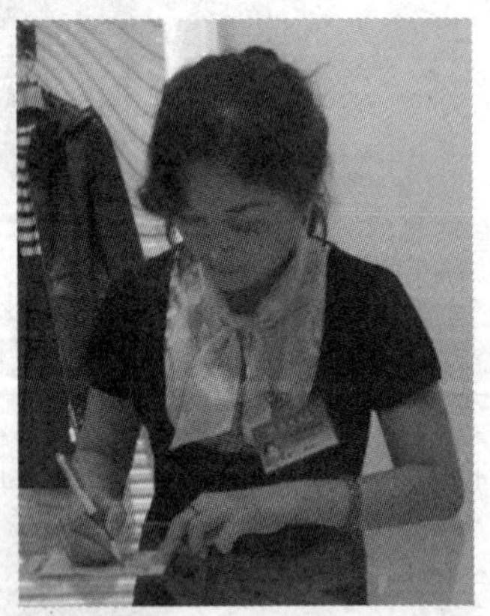

图 2—7　开具销售小票

步骤 7　交付销售小票

将销售小票双手交给顾客并为顾客指引收款台方向，手臂自然伸直，四指并拢，拇指张开，掌心斜上，指向目标；同时，眼睛要看向目标并兼顾顾客是否看到指示的目标，如图 2—8 所示。

图 2—8　交付销售小票

三、注意事项

（1）要将商品全貌展示给顾客，防止展示一个侧面。

（2）积极与顾客互动，使顾客清晰地感知商品。

学习单元 2　介绍商品

学习目标

➢ 了解商品规格、商品性能的有关知识。

➢ 掌握介绍商品的技巧与方法。

➢ 能够完成介绍商品操作。

知识要求

商品是用来交换的劳动产品，是满足人们消费需求的产品，是使用价值和货币价值的统一体，货币价值是商品的本质属性，使用价值是商品的自然属性，两者缺一不可。商品的特点是商品本身所固有的，是区别于其他事物的一些自然属性。商品的特点是决定商品品质的重要因素，也是确定商品性能的重要依据。

一、商品规格

商品规格是指一些足以反映商品品质的主要指标，一般以尺寸、成分含量、容量、原材料、型号等来计量。

服装商品的规格一般以服装的尺寸和成分含量来划分。按照尺寸划分，服装规格一般分为 90 厘米、100 厘米、110 厘米等。不同型号的服装上衣对应不同的身长、胸围、下摆、领长等；不同型号的裤子又对应不同的裤长、腰围、臀围等。按照成分含量划分，例如羊绒衫根据含绒量分为 30％、50％、70％、95％等规格。

鞋类商品按照号码分为 35 号、36 号、37 号、38 号、39 号、40 号、41 号、42 号等规格。

洗衣机按照洗涤容量分为 5 千克、6 千克、7 千克等规格。

酒类商品按照酒精浓度分为 16％、18％、38％、42％、53％、58％、68％等规格。

食品按照分量分为 50 克以下、50～100 克、100～200 克、200～300 克、300～500 克等规格。

总之，不同的商品为满足人们不同的需求都设有不同的规格。

二、商品性能

商品性能是指商品的内在性质和外观形态及使用价值的综合。商品性能主要包括商品的化学性能、商品的物理性能、商品的力学性能、商品的生物学性能等。

1. 商品的化学性能

商品的化学性能是指商品抵抗各种外界因素对其发生化学作用的能力。主要包括耐水性、耐酸性、耐碱性、耐氧化性、耐光性等性能。例如，销售的服装常附有各种洗涤标志，说明洗涤时用什么洗涤剂及洗涤、熨烫方法等，其目的是让消费者根据衣物的性能合理地使用和保管，以期达到延长使用寿命的目的。

洗涤衣物的标志如图 2—9 所示。

2. 商品的物理性能

商品的物理性能是指商品在重力、湿、热、光等物理因素下的反映。主要包括质量、吸湿性、透气性、透水性、导热性、耐热性、光学性质等性能。例如，纯棉制品与其他化纤制品相比，具有较强的吸湿性、透气性、耐光性等特点。

3. 商品的力学性能

商品的力学性能是指商品在生产和使用中受到荷重作用时所表现出的性能。主要包括荷重、应力和蠕变、弹性和塑性、强度、韧性和脆性等性能。例如，由于瘦身衣弹力好，人体穿着后，其弹性和塑性得以充分体现。

4. 商品的生物学性能

商品的生物学性能是指商品在受到外界因素和微生物的作用下所表现的水解

不能水洗

不能使用含氯的洗涤剂洗涤，也不能用含氯的漂白剂溶液漂白衣物

可以中温熨烫，使用的熨烫温度为130~150℃

可以干洗，P表示可以使用任何干洗剂洗涤

图 2—9　洗涤衣物的标志

性、氧化性、霉腐性、酵解性、生理性、生化性等性能。例如，肉类等食品具有一定的保质期，超过保质期就会产生腐烂、发霉等现象。

三、介绍商品的技巧与方法

随着商品供应的丰富，人们生活品质的提升，顾客购买商品时对商品展示的要求也在不断提高。商品展示的观念也越来越受到企业的重视。在早期商品供不应求的时代，根本不必讲究展示上的创新，只要把商品摆放整齐、准备充分就可以了。如今商品供应量大增，顾客选择余地很大，营业员通过展示商品为顾客提供选择比较的机会，以期达到建议与说服的目的，因此营业员展示商品的方法也更趋多样化。

1. 语言技巧

营业员接待顾客、出售货物的服务处于商业活动的最前沿，服务质量的高低会直接影响商店的形象和效益。所以，营业员在为顾客提供服务时，一定要意识到自己服务的重要性。其中，服务语言是最能体现营业员服务质量高低的一门艺术。营业员在使用服务语言时，一定要讲究技巧，以吸引更多顾客的光临。

营业员在为顾客提供服务的过程中，要使用具有自身职业特点的服务语言。其语言既要有科学性，又要有艺术性。

（1）文明礼貌措辞。营业员在使用服务语言时，最基本的原则是注意用语的礼貌性，这主要体现在敬语的使用上。敬语包括尊敬语、谦让语和郑重语三个方面的内容。说话者直接表示自己对听话者敬意的语言叫尊敬语，说话者自谦地表示自己对听话者敬意的语言叫谦让语，说话者向听话者间接表示敬意的语言叫郑重语。

（2）规范标准用语。语言规范是指遵守国家规定推行的以北京语音为标准语音，以北方话为基础方言，以典范的现代白话文著作作为语法规范的普通话。

（3）说话婉转幽默。营业员接待顾客时语言不能机械、呆板。只有使用生动活泼的语言才能活跃气氛，使顾客感到和谐，使交流更加顺畅。使用一定的幽默语言是一种很好的沟通方式。幽默是一门微笑艺术，一段幽默的对话能产生诙谐的情趣，使人们在笑意中有所领悟，既令人感到轻松愉快，同时又能清楚地表达个人想法。

（4）接待不同年龄、不同性别的顾客要采用不同的语言。对待成年男性，称其为“先生”；对待上了年纪的男性，称其为“大哥”“老先生”“大爷”“老爷爷”等。对待年轻女性，称其为“靓女”；对待上了年纪的女性，称其为“大姐”“大妈”“老奶奶”等，以拉近与顾客的距离。

2. 卖点介绍技巧

营业员介绍商品时应该清楚地向顾客表述让其购买的理由。如何吸引顾客的眼球并顺利成交销售，是商家能够持久经营并赢利的保证。

（1）估测顾客购买倾向。营业员为了减少自己向顾客介绍商品的盲目性，在介绍商品的同时，应主动询问顾客想购买什么样的商品，挖掘顾客心思。在了解了顾客的购买目的（是送礼还是自用）之后，推测该顾客的准确需求，同时找到适合他的商品进行推荐。一定要主动缩小顾客购买范围，帮助自己把销售行为集中，避免介绍的盲目性。

（2）帮助顾客选择合适的商品。当确定顾客是送礼时，营业员必须思路清晰，不要在顾客正在观看的商品上浪费时间。很自然地替顾客做主，把顾客带到适合送礼且有销售价值的商品面前，既要满足顾客送礼的需求，又要适合受礼者的年纪需求，还要考虑送礼者准备送礼的金额。

（3）介绍商品独特的卖点。营业员在介绍商品与众不同的方面时，要分析顾客的消费心理，强调该款商品的高档与时尚，暗示购买该款商品送礼不仅有面子，而且金额非常合适。

（4）解决顾客最关心的问题。如果营业员知道自己介绍的商品并没有太大的优势，就要把精力放在所介绍商品的体积、造型、花色上。介绍商品独有的优势，也是营业员销售的杀手锏。

（5）了解商品性能，必要时扮演专家角色。从一个专业人士的角度分析商品，关键部分是必须强调所介绍商品的卖点与其他商品卖点的不同之处，留给顾客深深的思考与记忆。

3. 演示示范技巧

介绍商品时可以通过营业员演示将商品特色完全展示给顾客，让顾客直观地看到效果。营业员用语言介绍商品时面临两个方面的问题，一是商品的许多特点无法用语言表达清楚，二是顾客对营业员的介绍半信半疑，这时营业员的推销技巧就显得很重要。

（1）演示示范。通过某种方式将商品的性能、优点、特点展示出来，使顾客对商品有直观了解和切身感受。营业员可以结合商品情况，通过刺激顾客的触觉、听觉、视觉、嗅觉、味觉来进行示范。一种设计巧妙的示范方式，能够创造出销售奇迹。

（2）销售工具。指各种有利于介绍商品的资料、器具，如顾客来信、图片、相册、视频宣传资料、市场内行业证词、权威机构评价、生产许可证、获奖证书等。营业员根据自己的情况来设计和制作销售工具。一名准备好销售工具的营业员，一定能对顾客提出的各种问题给予满意的答复，顾客也会因此而欣然并放心地购买商品。

4. 介绍商品的方法

（1）商品特点介绍法。每种商品都有其特性，如商品的外观、内部组织、性价比等都是商品的特点。

（2）商品优点介绍法。指所介绍商品相比于同类商品所具有的特殊功能，如功能强大、时尚、备受顾客青睐的商品。

（3）商品利益介绍法。指所介绍商品能够给顾客带来同类商品所没有的利益，如所介绍商品价位比同类商品价位低。

四、拿放商品的要求

1. 准确拿放商品

准确拿放商品是指营业员通过观察判断顾客的体型和身体状况，根据顾客需求准确地拿递商品的过程。例如看脚拿鞋，就是营业员在接待顾客的过程中，观察顾客脚的尺寸及脚的宽窄，凡身体较胖的顾客，一般脚比较肥，脚面高；身材矮小的顾客，一般脚比较瘦，脚面低。另外，要观察顾客的手形，手形细长，脚也就细长；手形短粗，脚也就短粗。皮鞋一般选择适合脚的鞋号，因为皮鞋在穿的过程中，随着使用时间的延长，皮子会松懈，所以选择皮鞋不要放量。旅游鞋一般作为休闲用鞋，因此选择旅游鞋时要宽松一些，防止走路多时脚会胀。

又如看体拿衣，是指营业员在接待顾客时能够根据顾客的身材和喜好，迅速准确地拿递服装并递交顾客的过程。营业员通过观察顾客的身材和特点，判断出顾客穿衣的身长、腰围、胸围等尺寸，从而将适合顾客的服装拿递给顾客。准确地拿递商品，要求营业员的技能必须过硬，需要有一个知识和经验积累的过程，所以营业员要刻苦学习业务技能，熟练掌握商品知识，不断总结经验，才能准确地拿递商品。

2. 轻拿轻放商品

轻拿轻放商品是指营业员在为顾客拿放商品时要根据商品的特点、体积大小、贵重程度及质（重）量等，将商品轻轻地摆放到顾客面前。例如玻璃器皿、珠宝首饰、瓷器等商品，由于商品质地较脆，拿放不小心就会破损，因此拿放商品时要轻拿轻放且放平放稳，避免商品破损。对于贵重商品，要将商品摆到托盘或绒布中，轻轻地放到台面上，让顾客观看。轻拿轻放商品也是对顾客的尊重，是现代服务的要求，无论商品价格高低，营业员都应该轻拿轻放，不可扔和摔商品。

3. 双手递送商品

双手递送商品是指营业员在接待顾客过程中要将商品用双手递到顾客面前或手中。随着社会的进步和消费意识的提升，人们到商场不仅仅是购买商品，购物过程也是一种休闲和精神的享受，双手递送商品满足了顾客的心理需求。双手递送的商品主要有穿戴商品、工艺礼品、贵重商品等。

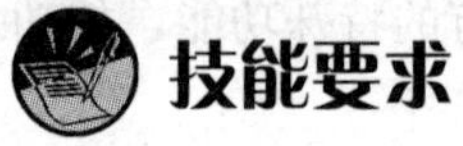

介绍商品操作

一、操作准备

服装 1 件或衬衫 1 件。

二、操作步骤

步骤 1　微笑接待顾客

面带微笑迎接顾客，如图 2—10 所示。

步骤 2　介绍商品产地

介绍商品产地，如生产商品的省市或区域，如图 2—11 所示。

图 2—10　微笑接待顾客

图 2—11　介绍商品产地

步骤 3　介绍商品性能

介绍商品性能，如商品的内在性质和外观形态及使用价值，如图 2—12 所示。

步骤 4　介绍商品使用方法

介绍商品使用方法，如使用中应注意的问题，如图 2—13 所示。

步骤 5　介绍商品规格

介绍商品规格、价格，以及商品的成分含量、纯度、尺寸、色泽等，如图 2—14 所示。

图 2—12　介绍商品性能

图 2—13　介绍商品使用方法

图 2—14　介绍商品规格

步骤 6　开票、包装商品

交易成功，开票、包装商品并将商品装袋后递交给顾客，如图 2—15 所示。

三、注意事项

（1）营业员在做介绍时，应注意使用礼貌语言，这样既尊重顾客，也会使营业工作顺利进行。

（2）营业员说话的语气忌生硬、忌轻慢、忌急躁。不能对顾客态度蛮横，不能不尊重顾客或表示不耐烦。

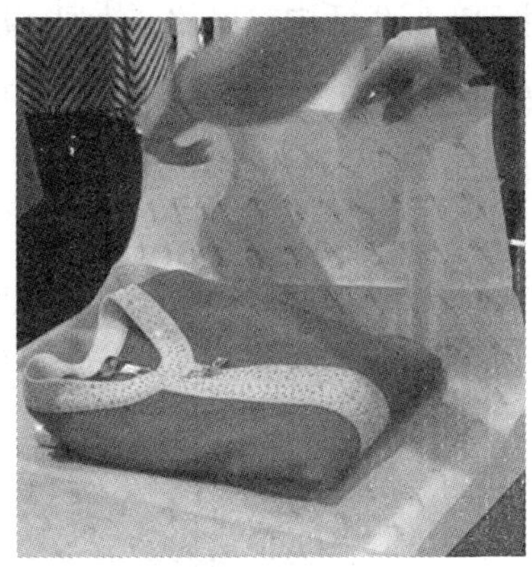

图 2—15　交易成功

(3) 介绍商品时要实事求是，不夸大商品的功能。

第 2 节　计量商品

学习单元 1　秤的校验与使用

学习目标

➢ 了解校验计量器具的相关规定和要求。

➢ 掌握校验计量器具的方法。

➢ 能够完成秤的校验和使用操作。

知识要求

一、计量商品的相关规定

商业企业使用的计量器具必须做到单位统一，量值准确可靠。经营者通过正确使用计量器具实现为消费者服务的目的，达到现实生活中提出的“快速、准确、连续、自动”的称量要求。在计量工作中应严格遵循国家的法律法规，做到诚信经营、公平经营。

1. 计量商品的范围

计量商品的范围包括以质（重）量结算的食品（裸装或散装）、金银饰品等，其他以质（重）量结算的商品和以容量、长度、面积等结算的商品及定量包装的商品。

2. 计量商品的规定

（1）销售商品时必须使用合格的计量器具，其最大允许误差应当优于或等于所销售商品的负偏差。

（2）使用称重计量器具当场称重商品，必须按照称重计量器具的实际示值结算，保证商品计量合格。

（3）使用称重计量器具每次当场称重商品，经核称商品的实际质（重）量值与结算质（重）量值之差不得超过规定的负偏差。

（4）计量器具经计量管理部门审批并颁发计量基准证书后，方可使用。

（5）非经计量管理部门批准，任何单位和个人不得拆卸、改装计量基准或者自行中断计量检定工作。

（6）应在营业场所的显著位置设置公平秤等。

3. 计量器具管理要求

（1）建立计量器具管理档案或台账，并设专人保管。

（2）定期维护与保养，按有关要求定期进行检测。

二、商品计量器具使用要点

（1）定量包装商品的标志中必须标注净质（重）量。

（2）所标净质（重）量与抽检称重质（重）量［实际净质（重）量］必须符合国家有关规定。

（3）商品和价签上标注的计量单位必须使用法定计量单位。

（4）散装出售的商品要保证计量准确，称重时必须减去包装物的质（重）量（去皮）。

（5）以其他计量形式（长度、容量等）出售的商品必须计量准确。

三、秤的种类

1. 电子台秤

电子台秤是以电子装置为核心，以数字显示称量结果的称重器具。称量范围在30～600 千克之间，它的结构特点是有单独的载荷称重台和连接立柱的称重显示仪表。电子台秤是利用电子应变元件受力形变原理输出微小的模拟电信号，通过信号电缆传送给称重显示仪表，从而进行称重操作和显示称量结果，如图 2—16 所示。

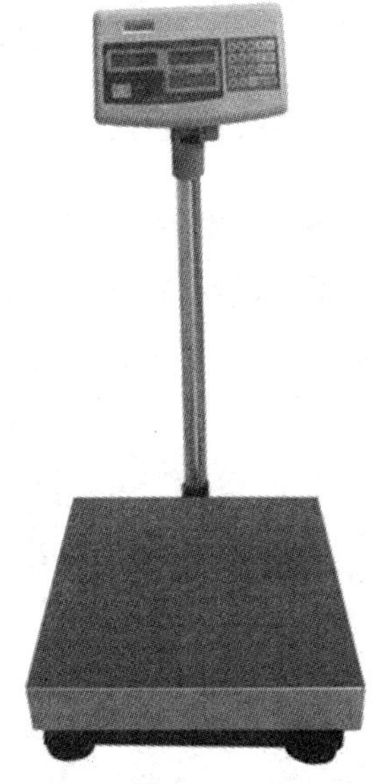

图 2—16　电子台秤

2. 电子案秤

电子案秤是由称重体（台面）和称重显示部分组合在一起的一种衡器。其整体质（重）量轻，移动方便，称量范围在 1.5～30 千克之间，显示精度高。按使用功能分为计价秤、计数秤、条码秤和单纯的计重秤等，案秤也可称为桌秤。电子案秤一般用于食品、蔬菜、肉类等商品的计量，在零售领域经营中运用普遍，如图 2—17 所示。

3. 电子天平

电子天平（见图 2—18）是以电磁力或电磁力矩平衡原理进行称量的天平。其特点是称量准确可靠，精度比较高，显示快速清晰，且具有自动检测系统、简便的自动校准装置以及超载保护装置等。在商业经营中一般用于贵重商品的计量，如金银、参茸等。

图 2—17　电子案秤

电子天平一般采用应变式传感器、电容式传感器等。应变式传感器结构简单、造价低，但精度有限，目前还不能达到较高精度；电容式传感器称量速度快、性价比较高，但也不能达到较高精度。

图 2—18　电子天平

4. 普通案秤

普通案秤由底座、支架、连杆、刀架、调整砣、承重盘、游砣、刻度片和增砣等组成。利用不等臂杠杆原理工作，由承重装置、读数装置、基层杠杆和秤体等部分组成。读数装置包括增砣、砣挂、计量杠杆等。基层杠杆由长杠杆和短杠杆并列连接而成。称量时力的传递系统是，在承重盘上放置被称物时的四个分力作用在长、短杠杆的重点刀上，由长杠杆的力点刀和连接钩将力传到计量杠杆的重点刀上。通过手动加减增砣和移动游砣，使计量杠杆达到平衡，即可得出被称物质

（重）量示值。普通案秤的优点是称量准确、耐用、结构简单、使用维修方便，因而得到广泛应用，如图 2—19 所示。

图 2—19　普通案秤

5. 杆秤

杆秤是秤的一种，是我国最古老且现今仍在使用的计量器具，杆秤是利用杠杆平衡原理来称质（重）量的简易衡器，由木制的带有秤星的秤杆、金属秤锤、砣绳等组成。称重时根据被称物的轻重，使砣与砣绳在秤杆上移动以保持平衡。根据平衡时砣绳所对应的秤杆上的星点，即可读出被称物的数量示值。戥子则是一种专门用来称金银珠宝及中药材的微型杆秤。

杆秤用材一般选择阴干一年以上的楠木，根据所做杆秤的要求，用锯截成适当的长度，做成大、中、小三种杆秤，如图 2—20、图 2—21 所示。

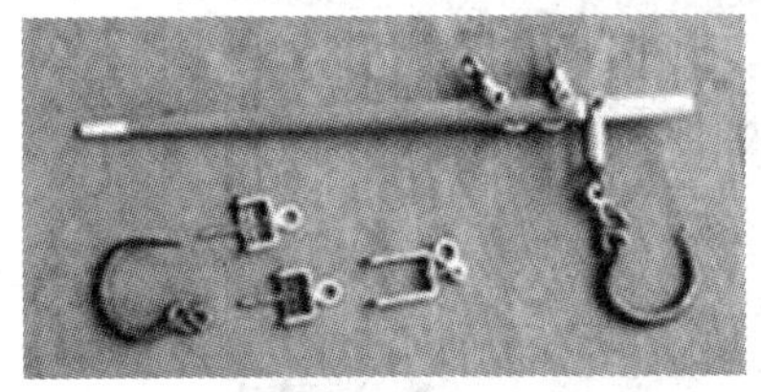

图 2—20　杆秤

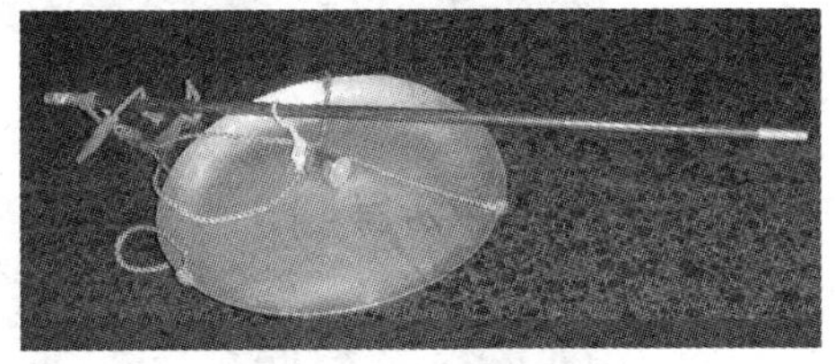

图 2—21　戥子

技能要求 1

秤的校验操作

一、操作准备

电子案秤 1 台。

二、操作步骤

步骤 1　摆放秤体

将电子案秤放在水平面上，如图 2—22 所示。

图 2—22　摆放秤体

步骤 2　开机

电子案秤在使用前要把电源接好，然后开机，如图 2—23 所示。

图 2—23　开机

步骤 3　检查

秤盘上不留任何物品，检查各个操作键显示是否正常，检查电子案秤是否处于平衡状态，如图 2—24 所示。

图 2—24　检查

步骤 4　关机

按开关键便进入关机状态，如图 2—25 所示。

图 2—25　关机

步骤 5　清洁

用干净的软布将秤的表面、操作键、显示屏等擦拭干净。

三、注意事项

（1）电子案秤放置时要保持秤体平衡。

（2）定期进行校正，为了保持电子案秤的准确性，至少一年校正一次。

技能要求 2

秤的使用操作

一、操作准备

电子案秤、小包装或散装食品等。

二、操作步骤

步骤 1　开机

按开关键将电子案秤打开。

步骤 2　放商品

将称量的商品放到秤面上，如图 2—26 所示。

图 2—26　放商品

步骤 3　按质（重）量键

按下质（重）量键，显示出商品的质（重）量。

步骤 4　输入单价

输入商品的单价。

步骤 5　按金额键

按下金额键，显示出商品的金额。

三、注意事项

（1）电子案秤使用前，须先打开电源开关预热 15 分钟。

（2）不要在秤盘上堆放杂物，敏感易损部件要轻拿轻放。

（3）在秤的零部件的工作部位，切忌沾染油污。

学习单元 2　用尺计量商品

学习目标

- 了解目前市场上使用尺的种类。
- 掌握计量器具检查要点。
- 能够使用尺计量商品。

知识要求

一、尺的种类

目前市场上主要应用的尺子有直尺、卷尺等计量器具。直尺分为木尺、竹尺和柜台刻度尺三种。

1. 量布尺

量布尺是零售商店用于量布的尺子，尺子的规格是十寸为一尺。量布尺一般以其所用材料命名。其中，用木材做的尺子为木尺；用竹子做的尺子为竹尺；在柜台边沿刻画的尺子为柜台刻度尺，柜台刻度尺主要用于小型百货商品的丈量，如布带、松紧带等。目前市场上使用的量布尺主要有一市尺和一米尺两种，量布尺主要在销售布匹、丝绸等商品时使用，如图 2—27 所示。

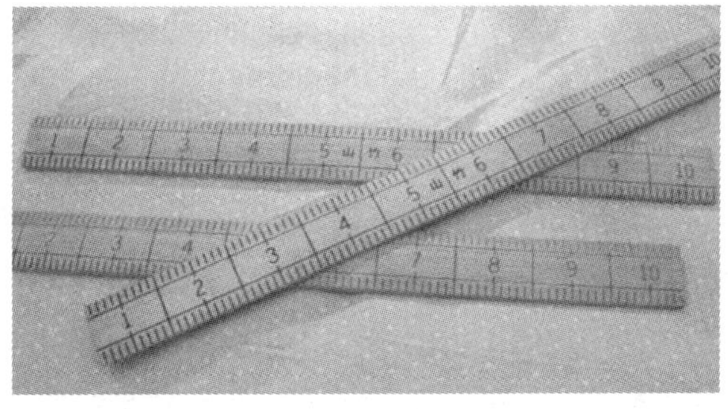

图 2—27　木尺

2. 软尺

软尺是用柔软的质料制成的尺子。零售商店一般在销售服装或加工服装时使用。软尺有皮尺和塑料尺两种，长度 1～2 米不等。特点是柔软，可卷起携带，形似一根腰带，使用方便。软尺应用比较广泛，有两个单位，一面是寸（有英寸和市寸），一面是厘米，如图 2—28 所示。换算方法如下：

1 米＝100 厘米＝3 尺（市尺）＝30 寸（市寸）

1 尺＝100/3≈33.333 厘米

胸围 24 ＝2.4 尺＝2.4×33.333≈80 厘米

腰围 23 ＝2.3 尺＝2.3×33.333≈77 厘米

21 寸＝0.7 米＝70 厘米

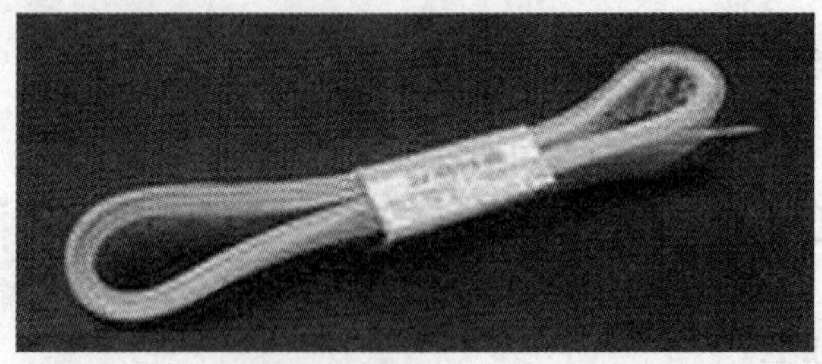

图 2—28　软尺

3. 米尺

米尺也是零售商店用于量布的尺子，一般用于数量较大布匹的计量。米尺的长度是 1 米，长度规格是 3 市尺为 1 米，米尺通常刻有厘米和毫米刻度，因此被称为米尺。米尺一般由木制品制成，米尺的优点是计量方便、快捷，使用时不可弯曲。米尺主要在销售布匹、丝绸等商品时使用，如图 2—29 所示。

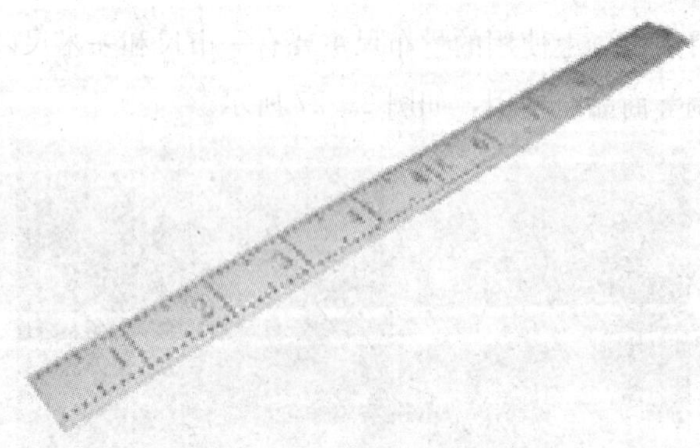

图 2—29　米尺

4. 卷尺

卷尺分为钢卷尺和布卷尺两种。钢卷尺是将印有长度量值标记的钢带卷入盒中而制成的长度量具，布卷尺是将印有长度量值标记的布带卷入盒中而制成的长度量具。

钢卷尺分为自卷式、制动式、摇卷盒式三种。卷尺的长度有 1 米、2 米、3 米、5 米、10 米等多种规格。布卷尺主要在销售服装等商品时，营业员针对顾客的要求量衣长、裤长时使用，如图 2—30 所示。

图 2—30　卷尺

二、尺的定期检查制度

尺在使用过程中要认真执行计量器具定期检查制度，发现有磨损或短缺时要及时更换，确保合格率达到 100％。

（1）计量时必须符合所售商品允差规定的要求，营业场地应备有公平尺。

（2）各种尺必须干净整洁，不得有污渍。

（3）不得使用磨损的尺。

（4）操作必须规范、准确，不得缺少尺寸。

三、使用各类尺计量商品的原则

1. 买卖公平

买卖公平就是要求营业员以良好的商业道德指导自己的工作，在工作中要做到诚实守信，讲求信誉，不缺斤短两，严格执行国家计量标准。

2. 称量准确

称量准确就是要求营业员在工作中要做到信守承诺，量尺准确，公平交易；既不能让顾客吃亏，也不能让企业蒙受损失；熟练掌握计量器具的使用方法，迅速准确地完成称量工作。

3. 计算迅速

计算迅速就是要求营业员在使用计量器具时，应熟练掌握法定计量单位表和计量单位比较表的换算，能够根据商品的长度、质量等迅速及时地计算出顾客所需商品的数量和价格。

法定计量单位表（见表 2—1）和计量单位比较表（见表 2—2）供换算时使用。

表 2—1　　法定计量单位表

长度							
名称	毫米	厘米	分米	米	十米	百米	千米
等数	1 000 微米	10 毫米	10 厘米	10 分米	10 米	100 米	1 000 米
面积							
名称	平方厘米		平方米		平方公里		
等数	100 平方毫米		10 000 平方厘米		1 000 000 平方米		
体积							
名称	立方厘米		立方分米		立方米		
等数	1 000 立方毫米		1 000 立方厘米		1 000 立方分米		
容量							
名称	厘升	分升	升	十升	百升	千升	
等数	10 毫升	10 厘升	10 分升	10 升	100 升	1 000 升	
质（重）量							
名称	厘克	分克	克	十克	百克	千克	吨
等数	10 毫克	10 厘克	10 分克	10 克	100 克	1 000 克	1 000 千克
长度							
名称	厘	分	寸	尺	丈	里	
等数	10 毫	10 厘	10 分	10 寸	10 尺	150 丈	
面积							
名称	平方厘	平方分	平方寸	平方尺	平方丈	平方里	
等数	100 平方毫	100 平方厘	100 平方分	100 平方寸	100 平方尺	22 500 平方丈	
地积							
名称	厘	分	亩	顷			
等数	10 毫	10 厘	10 分	100 亩			
质（重）量							
名称	毫	厘	分	钱	两	斤	担
等数	10 丝	10 毫	10 厘	10 分	10 钱	10 两	100 斤

续表

容量					
名称	勺	合	升	斗	石
等数	10 撮	10 勺	10 合	10 升	10 斗

表 2—2　计量单位比较表

长度
1 千米（公里）＝2 市里＝0.621 英里＝0.540 海里　1 米＝3 市尺＝3.281 英尺
1 市里＝0.5 千米（公里）＝0.311 英里＝0.270 海里　1 市尺＝0.333 米＝1.094 英尺
1 英里＝1.609 千米（公里）＝3.218 市里＝0.869 海里　1 英尺＝0.305 米＝0.914 市尺
1 海里＝1.852 千米（公里）＝3.704 市里＝1.150 英里
地积
1 公顷＝15 市亩＝2.471 英亩
1 市亩＝6.667 公亩＝0.165 英亩
1 英亩＝0.405 公顷＝6.075 市亩
质（重）量
1 千克（公斤）＝2 市斤＝2.205 英镑
1 市斤＝0.5 千克（公斤）＝1.102 英镑
1 英镑＝0.454 千克（公斤）＝0.908 市斤
容量
1 升（公制）＝1 市升＝0.220 加仑（英制）
1 加仑（英制）＝4.546 升（公制）＝4.546 市升

技能要求

用尺计量商品操作

一、操作准备

直尺、卷尺等工具。

二、操作步骤

步骤 1　握尺

右手拇指拿住尺子的上方，食指顶住尺子的一端，如图 2—31 所示。

图 2—31　握尺

步骤 2　左右手配合

右手拇指和食指拿住尺子，中指夹住物品，左手拿物品，如图 2—32 所示。

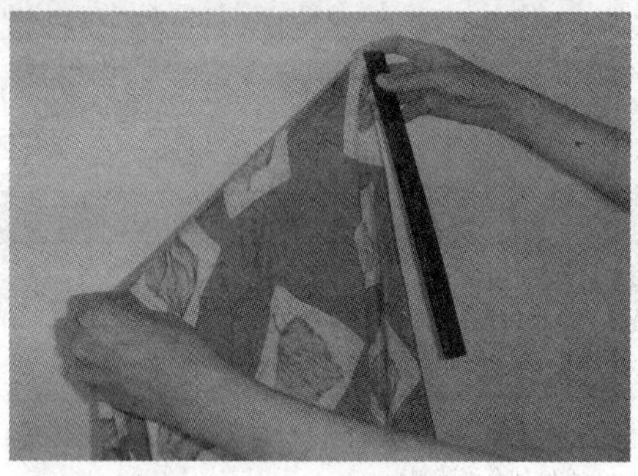

图 2—32　左右手配合

步骤 3　量布

将尺子对准商品进行计量，如图 2—33 所示。

图 2—33　量布

步骤 4　计算商品金额

对量好的商品进行合计并计算出金额，如图 2—34 所示。

图 2—34　计算商品金额

步骤 5　折叠商品

双手拿捏量好的商品先抖一下，然后进行折叠，最后将商品装入袋中，如图 2—35 所示。

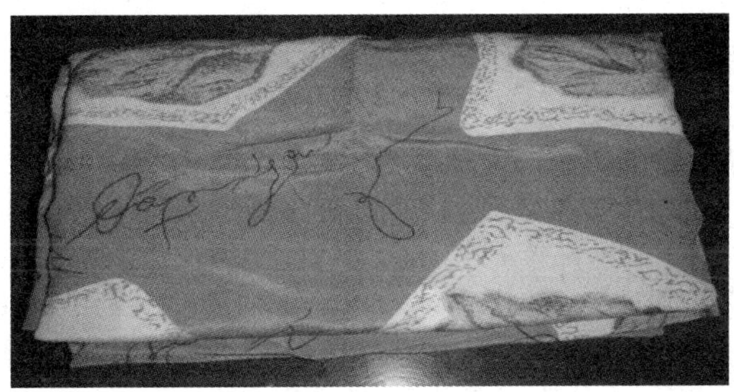

图 2—35　折叠商品

三、注意事项

（1）对于价格较高的尺量商品，应铺开或先画线再按线剪裁。

（2）对于有弹性的商品，计量时要适当放松手劲。

第 3 节　包装商品

学习单元 1　检查商品

学习目标

➢ 了解商品包装的概念。

➢ 掌握商品包装的知识。

➢ 能够完成商品包扎工作。

知识要求

一、商品包装的概念

商品包装是指在商品流通过程中，为了保护商品、方便储运、促进销售，采用一定的包装材料，通过一定的技术方法加工而成的包装，包装具有各自独特的结构、造型和外观装潢。商品包装是为了流通和消费，它本身属于商品的组成部分，是销售的组合部分，是商品质量要素之一。

商品包装有两层含义：一是指盛装商品的容器及其他包装用品，即包装物，如箱、桶、袋等；二是指商品盛装、包扎和装潢的操作过程，如装箱、灌瓶、装桶等。商品包装的四大要素包括：包装材料，包装技术，包装结构、造型和包装装潢。包装材料是包装的物质基础，也是包装功能的物质承担者；包装技术是实现包装保护功能、保证内装商品品质的关键因素；包装结构、造型是包装材料和包装技术的具体形式；包装装潢是通过画面和文字，美化、宣传和介绍商品的主要手段。

二、商品包装的作用

1. 保护商品

商品在运输、储存和销售过程中会受到各种因素的影响，可能发生物理、化学等变化，造成商品损失。例如，运输、装卸过程中的颠簸、冲击、震动、碰撞、跌落以及储存过程中的堆码承重，可能造成包装破损和商品变形、损坏、失散等；流通和储存过程中外界温度、湿度、光线、气体等条件的变化，可能造成商品干裂、脱水潮解、溶化、腐烂、氧化、变色、老化、锈蚀等品质变化；微生物、害虫侵入会导致商品霉烂、变质、虫蛀等。因此，必须依据商品特性、运输和储存条件，选择适当的包装材料、包装容器和包装方法，采用一定的包装技术处理手段，对商品进行科学的防护包装，以防止商品受损，达到保护商品的目的，使商品完好无损地到达消费者手中，最大限度地减小商品劣变损耗。

2. 便于流通

商品包装便于流通，是指包装为商品从生产领域向流通领域和消费领域转移，以及在消费者使用过程中提供的一切方便。包装的便利功能涵盖的范围较广，涉及几个领域。诸如在生产领域有方便操作、方便自动化生产等，在物流领域有方便运输、方便装卸、方便储存、方便统计、方便开箱等，在消费领域有方便陈列、方便销售、方便计价、方便计数、方便利用自动售货机等，在环保领域有方便回收、方便处理、方便操作等。

3. 促进销售

商品包装特别是销售包装，是无声的促销员，在商品和消费者之间起媒介作用。商品包装可以美化商品和宣传商品，使商品具有吸引力，激发消费者对商品的购买欲望，从而促进销售。包装还具有传达信息、表现商品和美化商品的功能。传达信息功能是通过包装上的文字说明，向消费者介绍商品的名称、品牌、产地、特性、规格、用途、使用方法、价格、注意事项等，起到宣传商品和指导消费的作用。商品销售主要是依靠包装上的图案、照片及打开包装所显露的商品实物，把商品外观展示给消费者，使消费者在感性认识的基础上对商品建立起信心。包装装潢、造型等艺术装饰性内容对商品起到加强、突出、美化的作用。随着市场经济的发展，包装的促销作用越来越被人们所重视，同样的商品，漂亮的包装更受到消费者的喜爱。

三、商品包装的分类

（1）按商品包装在流通领域中的作用分为销售包装和运输包装。例如大件商品为了安全，一般采用外包装和内包装的形式，避免商品磕碰。

(2) 按商品包装使用次数分为一次性包装和多次包装。一次性包装一般是指食品、饮料的包装；多次包装是指电器和日用品及食品大包装箱等的包装，一般是回收后反复使用。

(3) 按商品包装耐压程度分为硬质包装、半硬质包装和软质包装。硬质包装是指铁质或铝质的商品包装，半硬质包装是指木质或纸质的商品包装，软质包装是指塑料制品的商品包装。

(4) 按商品包装制造材料分为纸质材料、塑料、木质材料、金属、玻璃、复合包装材料、纤维制品和其他材料等。

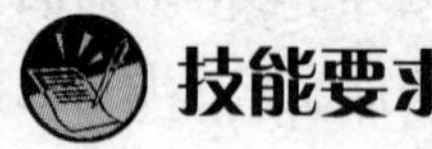

技能要求

检查商品操作

一、操作准备

准备有包装的商品 2～3 盒，玻璃杯 1～2 个，食品、饮料若干。

二、操作步骤

步骤 1　目测商品

营业员双手拿出商品，快速目测商品整体包装情况。观察商品包装有无破损、溢漏、拆封等情况，如图 2—36 所示。

图 2—36　目测商品

步骤 2　触摸商品

有些商品包装只用目测方法检查还不够，还需要用手触摸检测。整箱购买的商品包装已被拆封的，要检查包装内的商品名称、数量是否与外包装上所印内容一致；对外包装不透明且有可疑现象的，要打开包装进行检查，如图 2—37 所示。

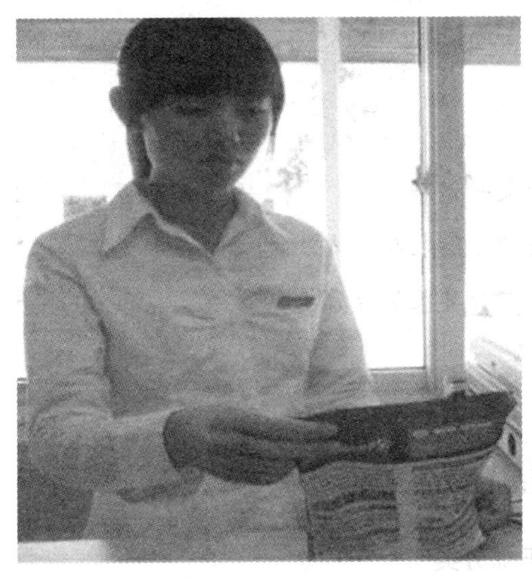

图 2—37　触摸商品

步骤 3　检验商品

食品、饮料等商品可用鼻子闻其气味，判断其是否变质。

玻璃等易碎品可用手轻轻地敲击，如果发出“噗啦、噗啦”的声音，说明商品已出现质量问题，凭声音可判断其是否破裂。

检验完毕，将完好的商品交给消费者。

三、注意事项

（1）目测要全面，特别是纸质包装的边角位置有无粘贴不牢固现象，真空包装有无密封不严现象。

（2）玻璃等易碎包装有无裂纹，金属包装有无生锈等。

（3）用手触摸要细，检查纸质包装是否受潮，塑料包装是否严密等。

（4）玻璃等易碎包装、木质包装、金属包装的检查不宜用手直接触摸。

学习单元 2　商品分类装袋

学习目标

- 了解商品的分类知识。
- 掌握对商品进行分类装袋的方法。
- 能够对商品进行分类装袋操作。

知识要求

一、食品类商品的分类

1. 根据食品的来源分类

食品类商品主要分为植物性食品、动物性食品和矿物性食品三大类。

植物性食品：包括谷类、杂粮、豆类、薯类、植物油、蔬菜、果品、茶叶、咖啡、可可、糖类、水产等加工的各种食品。

动物性食品：包括禽类、畜类、蛋类、鱼虾类、奶类等加工的各种食品。

矿物性食品：包括食盐、矿泉水等。

2. 根据食品在膳食中所占的比重分类

主食食品：包括稻米、小麦、玉米、小米、高粱等加工的各种食品。

副食食品：包括蔬菜、水果、肉、禽、蛋、奶、糖、茶、调味品等。副食食品还包括上述食品再加工的食品。例如，蔬菜制品、水果制品、肉制品、鱼制品、蛋制品、奶制品、糖果、糕点等。

3. 根据食品加工分类

粮食加工类食品：包括大米、杂粮、小麦粉、大米粉、大豆粉、红薯粉、小麦粉制品、大米制品等。

食用植物油加工的食品：包括花生油、菜子油、芝麻油、色拉油、调和油、人造黄油、起酥油等。

二、洗涤用品的分类

1. 牙膏

牙膏的香型主要包括：留兰香型、薄荷香型、冬青香型、水果香型、豆蔻香型、绿茶香型等。

牙膏的品种主要包括：防蛀、增白、脱敏、草本、中草药、清凉、去渍等。

2. 皂

皂的种类主要包括：洗衣皂、香皂、药皂、皂片、透明皂、脚气皂、祛痘皂、洁阴皂、美容皂、防蚊皂等。

3. 洗发护发焗油用品

洗发护发焗油用品的品牌有：海飞丝、飘柔、力士、夏士莲、露华浓等。

焗油膏分为免蒸型和热蒸型两种。

以上商品的放置要与食品类商品分开。

三、塑料、玻璃、搪瓷、不锈钢制品的分类

塑料制品的种类主要包括：塑料盆、塑料筐、塑料布、塑料碗、塑料筷、塑料桶等。

玻璃制品的种类主要包括：玻璃杯、玻璃酒具、玻璃碟、玻璃冷水瓶、玻璃糖罐、玻璃茶盘、玻璃果盘、玻璃花瓶等。玻璃制品易碎，放置时要防止磕碰、撞击，以免破损。

搪瓷制品按用途分为三类：饮食用具、洗涤卫生用具和其他用具。

不锈钢制品的种类主要包括：不锈钢锅、不锈钢压力锅、不锈钢不粘锅、不锈钢壶、不锈钢盆等。

四、服装类商品的分类

服装类商品主要分为女装、男装、儿童服装等。

女士服装类商品主要分为西服、套装、上衣、裤子、内衣、裙子、针织衫、毛衫、家居服、鞋袜、孕妇装等。

男士服装类商品主要分为西服、套装、上衣、裤子、内衣、衬衫、针织衫、毛衫、鞋袜等。

儿童服装主要分为童衣、童裤、针织衫、毛衫、外衣、棉衣、鞋袜等。

五、商品分类装袋的基本要求

（1）食品应分类单独装袋，并与洗涤用品等分开放置，如图 2—38、图 2—39 所示。加工类食品不得与有异味的商品摆放在一起。

图 2—38　食品单独装袋

图 2—39　生鲜食品单独装袋

（2）日用品应单独装袋，洗涤用品放置时不要挤压或与较热的商品放在一起，避免发生化学反应，如图 2—40 所示。

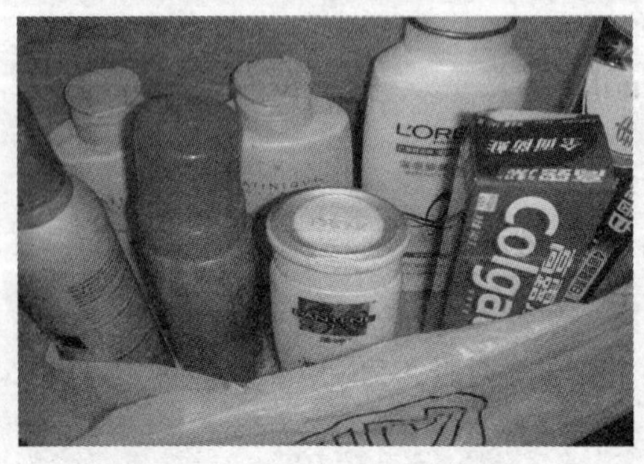

图 2—40　日用品单独装袋

(3) 不锈钢制品和搪瓷制品放置时要防止磕碰、撞击，以免出现硬痕或掉瓷。

(4) 服装类商品要单独放置，避免油污和染色等问题发生。

(5) 尽量将不规则商品放平，易碎易碰商品要摆放牢固。

学习单元 3　商品包扎

学习目标

➢ 了解商品包扎知识。

➢ 掌握商品包扎方法。

➢ 能够对商品进行简单包扎，确保商品不破损、不散漏。

知识要求

一、商品包扎的概念

商品包扎是营业员运用一定的技能，采用包装纸、包装绳等用具对商品进行包扎的完整过程。有些商品通过分装或拆零后，商品比较零散，为方便顾客拿取，需要采用适当的包装物进行包装、捆扎等。例如食品、茶叶、酒水、服装、日用品和电器等商品，需要营业员对商品进行包扎后，才能交付给顾客。商品包扎不仅实现了商品安全的目的，而且为顾客提供了方便。

二、商品包扎的目的

1. 方便顾客

由于工作节奏的加快，有些顾客在购物时会一次性购买多种商品，为了方便顾客携带，营业员应对商品进行归类，在此基础上进行打包捆扎。

2. 保护商品

玻璃制品在运回过程中，稍有不慎就会将商品碰碎，因此在顾客购买商品后，对于无包装的商品要进行包扎。对于服装类商品，为避免碰脏，营业员也要对其进行纸质包扎。

3. 提升企业形象

商品包扎虽然是简单服务，但是通过营业员的双手对商品进行有效包扎后，无形地提升了企业形象，延伸了企业服务的内涵，不仅会提高顾客的满意度，而且会赢得更多的回头客。

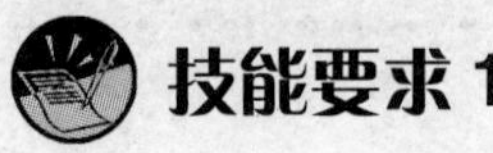

技能要求 1

茶叶包包操作

一、操作准备

散装茶叶、包装纸等。

二、操作步骤

步骤 1　将茶叶放到包装纸的中央

将两张包装纸铺平，上下各一张平放在柜台上面，将茶叶归成扁方状态后放到包装纸的中央，如图 2—41 所示。

图 2—41　将茶叶放到包装纸的中央

步骤 2　对角折

将贴近身体一边的纸角提起来，再将纸角折叠，一只手捏住折叠的纸，用另一只手按住茶叶的底部，如图 2—42 所示。

图 2—42　对角折

步骤 3　折左角

一只手从左侧由下而上将左侧的纸角折起来，如图 2—43 所示。

图 2—43　折左角

步骤 4　折右角

一只手按住左侧的纸角，另一只手将右侧的纸角折起来，如图 2—44 所示。

图 2—44　折右角

步骤 5　掖角

把余角掖进留口处，如图 2—45 所示。

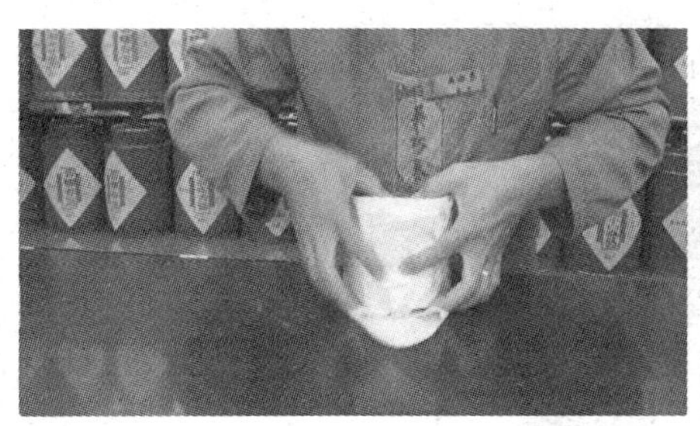
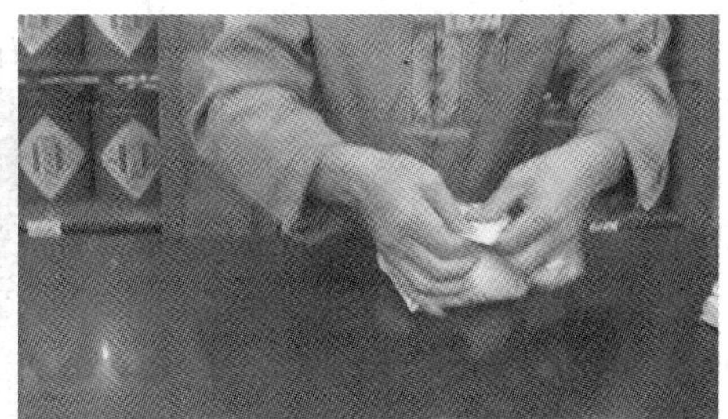

图 2—45　掖角

步骤 6　检查

检查包装物是否平整、高低一致，包的松紧是否适度，包装是否紧实、美观，如图 2—46 所示。

图 2—46　检查

三、注意事项

(1) 包包的动作要轻，防止压碎茶叶。

(2) 包好的包要紧实、美观、松紧适度。

技能要求 2

瓶装商品包扎操作

一、操作准备

酒 2 瓶、包装绳、剪子等。

二、操作步骤

步骤 1　定位

将两个酒瓶直立放在柜台上面，酒瓶的商标朝向同一方向，如图 2—47 所示。

图 2—47　定位

步骤 2　捆瓶底

将包装绳放在酒瓶的左侧或右侧台面上，用左手捏住绳头，右手握住绳身，左手拇指持绳头按放在右侧酒瓶后面做好准备。右手持绳按顺时针方向围捆酒瓶底部，距离瓶底高度约 4 厘米处绕 2～3 圈，再在右侧系一个死扣，如图 2—48 所示。

图 2—48　捆瓶底

步骤 3　扎瓶口

用左手握住左侧瓶身，用右手从右侧酒瓶底部拉起包装绳至瓶口前，然后按逆时针方向绕至右瓶口前。重复上述动作，使瓶口缠绕绳呈“8”形，绕 2～3 圈后，右手绳在两瓶中间留出约 30 厘米长度的地方剪短，如图 2—49 所示。

图 2—49　扎瓶口

步骤 4　打提环

用左手在“8”形中间位置捏住头，然后用右手捋着绳子在“8”形绳上缠绕三道拉紧加固，然后系上一个活扣，再用活扣与绳头系上死扣后即形成提环，如图 2—50 所示。

图 2—50 打提环

三、注意事项

（1）酒瓶是易碎品，包扎时要拿稳，且轻拿轻放。

（2）包扎后要仔细检查，防止脱扣。

（3）包扎要结实牢固，确保安全。

技能要求 3

普通上衣的折叠包装操作

一、操作准备

女士上衣 1 件、包装纸、胶条、剪子等。

二、操作步骤

步骤 1 扣纽扣

将上衣纽扣扣齐，平铺在柜台上，如图 2—51 所示。

步骤 2 叠左边

将上衣背朝上地平铺在柜台上，从左边上衣的两肩至领边 1/2 处，由上而下地同时折过来，如图 2—52、图 2—53 所示。

步骤 3 叠右边

从右边上衣的两肩至领边 1/2 处，由上而下地同时折过来。

图 2—51　扣纽扣

图 2—52　叠左边（一）

图 2—53　叠左边（二）

步骤 4　顺平

将上衣袖子由上而下地顺平。要求上下宽窄一致，领子两边距离相等，如图 2—54 所示。

图 2—54　顺平

步骤 5　折叠

将上衣由下摆向上折 1/2，如图 2—55 所示。

图 2—55　折叠

步骤 6　包装

将上衣放在包装纸的上面，左手压住叠好的衣服，右手拿包装纸从衣服上面折裹过来，如图 2—56 所示。

步骤 7　粘贴

将包装好的上衣用胶条粘贴或用彩绳包扎，如图 2—57 所示。

步骤 8　装袋

将包装好的上衣整理平整，然后装入包装袋中，如图 2—58 所示。

图 2—56　包装

图 2—57　粘贴

图 2—58　装袋

三、注意事项

（1）折叠服装时要将其铺平。

（2）服装若有褶皱，要先熨烫平整后再进行包装。

技能要求 4

电视机包装操作

一、操作准备

电视机、胶带、剪子等。

二、操作步骤

步骤 1　放底垫

将底垫按箱内原位放好，如图 2—59 所示。

图 2—59　放底垫

步骤 2　放入包装膜

将电视机放入包装膜内，如图 2—60 所示。

步骤 3　放入包装箱

将电视机平稳地放在底垫上并摆正，如图 2—61 所示。

步骤 4　放说明书

将说明书及附件等放入包装箱内。

图 2—60　放入包装膜

图 2—61　放入包装箱

步骤 5　放泡沫垫

放入塑料泡沫垫，如图 2—62 所示。

步骤 6　盖上盖

盖好包装箱上盖，如图 2—63 所示。

步骤 7　粘胶带

用宽胶带或塑料腰子将包装箱捆扎好，如图 2—64 所示。

三、注意事项

(1) 包装电器商品时要将商品放平稳。

(2) 拿取商品时要轻拿轻放，防止磕碰和划伤。

(3) 商品包装要结实牢固，方便携带。

图 2—62　放泡沫垫

图 2—63　盖上盖

图 2—64　粘胶带

思　考　题

1. 展示商品的原则和方法有哪些?

2. 商品有哪些主要性能?

3. 介绍商品的方法有哪些?

4. 尺的种类有哪些?

5. 使用电子秤有哪些注意事项?

6. 商品包扎的目的是什么?

第 3 章

商品结算

第 1 节　开　票

学习单元 1　销售小票的填写

学习目标

- 了解销售小票有关知识。
- 掌握销售小票填写要求。
- 能够填写销售小票。

知识要求

一、销售小票的概念

销售小票又称商品销售凭证，是营业员销售商品时所填写的最原始的票据，是收款付货的凭证，是退换商品的凭据。

销售小票具有交付货款、购货证明、盘点结账等作用，但不可作为报销凭证，是企业内部使用的一种票据。商业企业根据其内部经营管理需要来确定销售小票的格式、纸张颜色等。

二、销售小票填写要求

销售小票是商业企业销售商品的凭证，主要包括部门编码、交易日期、商品编码、编号、品名、单位、数量、单价、金额、合计、收款员签字、营业员签字等内容。在填写销售小票时，应注意以下要求：

(1) 明确销售小票各联次的用途。

(2) 要求填写交易日期。

(3) 各栏目内容填写要齐全，不得颠倒或漏填。

(4) 字迹工整，数字填写规范、准确。

技能要求

销售小票填写操作

一、操作准备

销售小票、笔、蓝色复写纸、红色复写纸等。

二、操作步骤

步骤 1　辨别销售小票

辨别销售小票的不同联次，将复写纸垫入销售小票各联次之间（能自行复写的销售小票除外）。各联次销售小票见表 3—1。

表 3—1　××商场销售凭证

部门编码：　　　　年　　月　　日　　　　No. 000001

商品编码	品名	单位	数量	单价	金额
合计（大写）					¥

第一联　柜组留存

收款员：　　　　营业员：

××商场销售凭证

部门编码：　　　　　　　　　　年　　月　　日　　　　　　　　No. 000001

商品编码	品名	单位	数量	单价	金额
合计（大写）					¥

第二联　收款留存

收款员：　　　　　　　　　　　　营业员：

××商场销售凭证

部门编码：　　　　　　　　　　年　　月　　日　　　　　　　　No. 000001

商品编码	品名	单位	数量	单价	金额
合计（大写）					¥

第三联　顾客留存

收款员：　　　　　　　　　　　　营业员：

步骤 2　填写销售小票

顾客选取商品后，营业员对照商品逐项填写一式三联的销售小票，主要包括以下内容：

部门编码：填写目的是识别不同柜组的销售量、销售额，明确商品归属地。

交易日期：要求填写齐全。

商品编码：收款员录入商品索引码，营业员要填写准确、清楚。

商品的品名、单位、数量、单价、金额：一定要逐项填写，正确计算金额，特别是要注意大小写金额以及金额栏要对位填写并一致。

收款员、营业员：填写收款员、营业员的姓名或编号。

填写后的销售小票见表 3—2。

步骤 3　指示顾客交款

营业员撕下填写完毕的销售小票一式三联交给顾客，暂时保管顾客商品，指示顾客到收款台交款。

表 3—2　　××商场销售凭证

部门编码：01-001　　2010 年 8 月 18 日　　No. 000001

商品编码	品名	单位	数量	单价	金额
123-0001	羽毛球拍	只	5	45.00	225.00
合计（大写）	贰佰贰拾伍元整				¥225.00

第一联　柜组留存

收款员：　　营业员：王平

收款员按照营业员开具的销售小票输入 POS 机（收款机），打印出电脑小票，并在销售小票柜组留存联（第一联）上加盖收款章，将顾客留存联（第三联）与电脑打印小票粘贴后交给顾客，将收款留存联（第二联）留下。

步骤 4　核对电脑打印小票

营业员付货前需核对销售小票（见表 3—3）与电脑打印小票（见图 3—1）是否一致，是否加盖收款章。

表 3—3　　××商场销售凭证

部门编码：01-001　　2010 年 8 月 18 日　　No. 000001

商品编码	品名	单位	数量	单价	金额
123-0001	羽毛球拍	只	5	45.00	225.00
合计（大写）	贰佰贰拾伍元整				¥225.00

（印章：北京××商场 收款章）

第一联　柜组留存

收款员：张红　　营业员：王平

步骤 5　核对商品

营业员再次核对商品后，将柜组留存联（第一联）留下，将顾客留存联（第三联）与电脑打印小票连同商品交给顾客，礼貌地向顾客道谢，欢迎其下次光临。

三、注意事项

（1）销售小票必须用蓝色复写纸填写，且不得涂改。

北京××商场
地址：北京市××区
电话：86-010-××××××××
收款员：张红
销售负责人：10325099
【登录】2010-08-18 12:56　POS：003

商品编码	单价	数量	金额
123-0001	45.00	5	225.00

合计　225.00

##################################

已收金额　250.00
现金找零　25.00

总品目数：1　总购买数量：5

会员：888156021042759　个人
本次积分：225　最终积分：5689

请在小票打印之日起30天内开具发票，为保证您的权益，请您留存！

图3—1　电脑打印小票

（2）顾客退货时，必须用红笔、红色复写纸填写销售小票。

（3）填写准确，实收金额要与合计金额相符，大小写金额必须填写正确。

学习单元2　支票的受理

学习目标

➢了解支票使用知识。

➢掌握支票填写要求。

➢能够使用支票打印机打印支票。

知识要求

一、支票使用知识

支票可分为现金支票、转账支票、普通支票等。支票上印有“现金”字样的为现金支票，现金支票只可用于支取现金；支票上印有“转账”字样的为转账支票，转账支票只能通过银行转账，不能支取现金；支票上未印有“现金”或“转账”字样的为普通支票，普通支票既可用于支取现金，也可用于转账。营业员受理的支票一般为转账支票。支票使用规定如下：

（1）支票一律记名支付，起付额度为 100 元。

（2）支票的有效期限为 10 天。支票的有效期限从出票日期次日算起，到期遇法定节假日顺延。

（3）在银行指定的地区内，转账支票可以背书转让。背书转让是指收款人以转让票据权利为目的，在汇票上签章并做必要记载所实施的一种附属票据行为。通常在票据的背面事先印制好若干背书栏的位置，载明表示将票据权利转让给被背书人的文句，而留出的空白，供背书人进行背书时填写。票据法一般并不限制进行背书的次数，当背书栏或票据背面写满时，可以在票据上粘贴“粘单”进行背书。背书应当由背书人签章并记载背书日期。如果未记载背书日期，视为在汇票到期日前背书。而且，背书也必须记载被背书人名称。

（4）禁止签发空头支票，不得签发与开户单位预留银行印鉴不符的支票。否则银行予以退票，并按票面金额处以 5%但不低于 1 000 元的罚款。所谓空头支票，是指支票持有人请求付款时，付款人实有存款不足以支付票据金额的支票。

二、支票填写要求

1. 出票日期

出票日期数字必须大写，日期大写数字写法如下：零、壹、贰、叁、肆、伍、陆、柒、捌、玖、拾，如图 3—2 所示。

例如，2009 年 8 月 5 日：贰零零玖年捌月零伍日。捌月前“零”字可写可不写，伍日前“零”字必须写。

2006 年 2 月 13 日：贰零零陆年零贰月壹拾叁日。

需要注意的是：

（1）1 月、2 月前“零”字必须写，3 月至 9 月前“零”字可写可不写。10 月

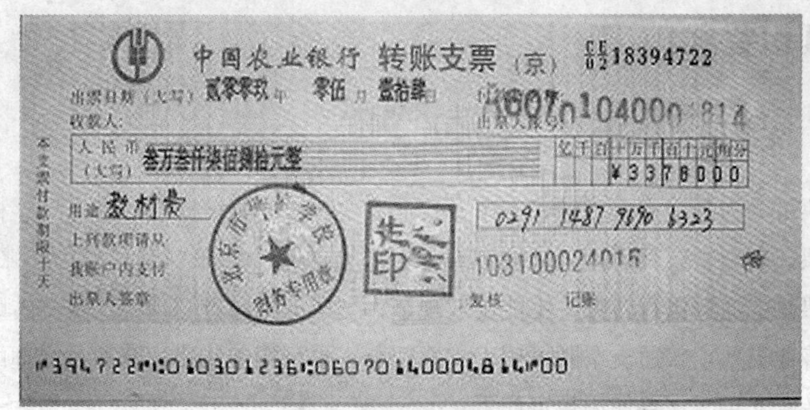

图 3—2 填写支票日期

至 12 月必须写成壹拾月、壹拾壹月、壹拾贰月（前面多写一个“零”字也认可，如零壹拾月）。

（2）1 日至 9 日前“零”字必须写，10 日至 19 日必须写成壹拾日及壹拾×日（前面多写一个“零”字也认可，如零壹拾伍日，下同），20 日至 29 日必须写成贰拾日及贰拾×日，30 日至 31 日必须写成叁拾日及叁拾壹日。

2. 收款人

（1）现金支票收款人可填写单位名称，此时现金支票背面“被背书人”栏内加盖单位财务专用章和法人印章，之后收款人可凭现金支票直接到开户银行提取现金。

（2）现金支票收款人也可填写收款人本人姓名，此时现金支票背面不盖任何印章，收款人在现金支票背面填写本人身份证号码和发证机关名称，凭本人身份证和现金支票签字领款。

（3）转账支票收款人应填写对方单位名称。转账支票背面不盖单位章。收款单位取得转账支票后，在支票背面背书栏内加盖收款单位财务专用章和法人印章，填好银行进账单后连同该支票交给收款单位开户银行，并委托银行收款。

3. 付款行名称、出票人账号

付款行名称及出票人账号即为本单位开户银行名称及银行账号，例如工行高新支行太平路分理处，账号：120202740990008××××。账号用小写数字表示。

4. 人民币金额

（1）人民币大写数字。人民币大写数字写法如下：零、壹、贰、叁、肆、伍、陆、柒、捌、玖、拾、亿、万、仟、佰。

例如，289 546.52：贰拾捌万玖仟伍佰肆拾陆元伍角贰分。

7 560.31：柒仟伍佰陆拾元零叁角壹分，此处“陆拾元零叁角壹分”的“零”字可写可不写。

532.00：伍佰叁拾贰元整，不能写为“零角零分”。

425.03：肆佰贰拾伍元零叁分。

325.20：叁佰贰拾伍元贰角，不能写为“零分”。

（2）人民币小写数字。人民币小写数字最高金额的前一位空格用“¥”字头打掉，数字填写要求完整、清楚。

5. 支票的用途

（1）现金支票有一定限制，一般填写“备用金”“差旅费”“工资”“劳务费”等。

（2）转账支票没有具体规定，可填写“货款”“代理费”等。

6. 支付密码

按照中国人民银行总行的要求，在支票（包括现金支票、转账支票等）、汇兑凭证（电汇/信汇凭证）、银行汇票申请书、银行本票申请书和中国人民银行规定的其他各类票据上要正确填写支付密码。

支付密码是根据票据号码、金额、账号、日期等信息计算出的一组 16 位密码，填写在票据上与印鉴结合作为付款依据。由于支付密码是根据票据的每一个要素使用高强度加密算法计算而来，因此具有极高的安全性。

7. 盖章

支票正面要加盖出票单位财务专用章或支票专用章及法人印章，缺一不可，印泥为红色，印章必须清晰，印章模糊只能作废本张支票，另换一张重新填写、重新盖章。

三、支票使用注意事项

（1）支票必须记载下列事项：表明“支票”的字样、无条件支付的委托、确定的金额、付款人名称、出票日期、出票人签章。

支票上未记载上述规定事项之一者，视支票无效。

（2）支票不能折叠，支票正面不得有涂改痕迹，否则该支票作废。

（3）支票上的金额可以由出票人授权补记，未补记的支票不得使用。受票人如果发现支票填写不全，可以补记，但不能随意涂改。

（4）支票有效期为 10 天，日期首尾算一天，如遇节假日顺延。异地使用的支票，其提示付款期限由中国人民银行另行规定。

（5）支票见票即付，不得另行记载付款日期。另行记载付款日期的，视为该记载无效。

（6）签发支票时必须用碳素笔填写，并填齐所有项目。收款单位名称、签发日期、大小写金额及用途一律不得涂改，加盖银行预留印鉴必须清晰，带密码支票要核清密码号，如签发错误不得撕毁，应加盖“作废”戳记，连同存根一起妥善保存，并在支票使用登记簿上注明作废。

（7）根据票据法的规定，现金支票不得作为转账支票使用。凡顾客持现金支票购物时，商场一律不予受理。

（8）支票见票即付，不记名（丢失支票，尤其是丢失现金支票，票面金额数目的钱被他人取走，银行不承担责任。若为现金支票，一般要素填写齐全且支票未被冒领，可到开户银行挂失。若为转账支票，支票要素填写齐全，可到开户银行挂失；支票要素填写不全，需到票据交换中心挂失）。

（9）出票单位现金支票背面印章盖得模糊，可将模糊印章打叉，重新再盖一次。收款单位转账支票背面印章盖得模糊（根据票据法的规定，不能以重新盖章方式来补救），收款单位可持转账支票及银行进账单到出票单位开户银行办理收款手续，这样就不用到出票单位重开支票了。

四、支票退款原则

（1）购物后发生退货，支票尚未解行的（即支票未上交开户银行），收款员将支票退还顾客；支票已经解行的，由财务部在支票到账后以贷记凭证方式直接划款，不得做现金退货处理。

（2）支票开票金额大于实际购物金额部分，由财务部在支票到账后以贷记凭证方式直接划款，不得做现金找零处理。

（3）严禁以支票擅自兑换现金。

支票受理操作

一、操作准备

支票1张、碳素笔1支、支票打印机1台。

二、操作步骤

步骤 1　检查支票

营业员受理支票后，应从以下几个方面检查支票：

（1）检查有无褶皱或破损。

（2）检查印鉴是否清晰、完整。印鉴包括财务专用章及法人印章。

（3）是否在规定的有效期 10 天之内，日期必须使用大写数字。

（4）有密码的支票，密码填写是否完整。

（5）支票需要填写的部分必须齐全、正规，不得涂改。

步骤 2　核实身份

接受支票时，营业员应要求顾客把身份证号码、姓名、电话、地址留下，并登记在背书栏右侧空白处，打电话到支票所属单位确认有无此人；如已下班，查询电话“114”确认有无该单位。

步骤 3　填写金额

（1）支票金额务必用碳素笔填写，不得涂改。

（2）金额填写要规范，大小写要相符，大写金额要顶头填写，禁止任何涂改。

（3）目前多用支票打印机进行日期和金额打印，如图 3—3、图 3—4 所示。

图 3—3　支票打印机

三、注意事项

1. 按要求查验支票各项内容

（1）日期中的年份要书写完整，不得简写，如 1999 年不得写成 99 年。

（2）收款人必须写全称，不得写简称，防止账号与户名不符，形成退票。

（3）注意日期、收款人、大小写金额的准确填写，防止签成无效支票。

（4）由于现行支票上没有付款单位名称栏目，必须使用银行预留印鉴，因此印

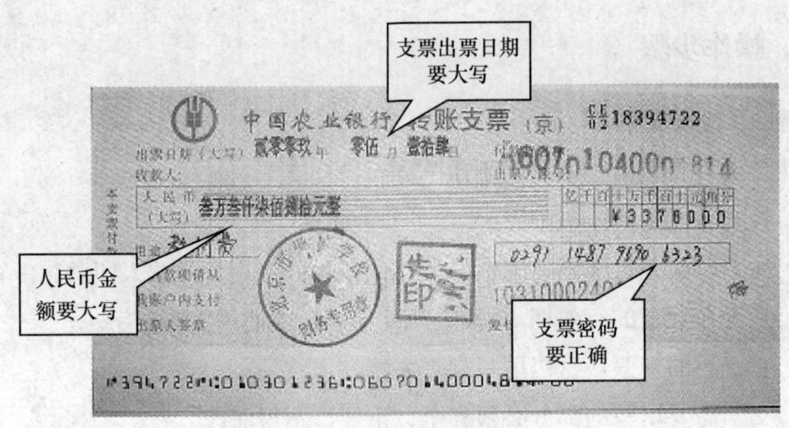

图 3—4　填写支票金额

章一定要清楚。

（5）不得用蓝色墨水笔填写。

2. 严格做到“九不准”

（1）不准更改签发日期。

（2）不准更改收款人名称。

（3）不准更改大小写金额。按照票据法的规定，支票的金额、日期、收款人名称如有更改，视为无效票据。

（4）支票退货不准退还现金。

（5）不准签发远期支票。

（6）不准签发空白支票。签发空白支票即指事先盖好印章的支票。携带该种支票外出，遗失后将造成不应有的经济损失。

（7）不准签发有缺陷的支票。有缺陷的支票表现形式主要有：①印鉴不符，即支票上的印章与银行预留印鉴不符，或是支票上的印章盖得不全。银行审查出印鉴不符时，除将支票作废退回外，还要按票面金额处以5%但不低于1 000元的罚款。②戳记用印油而不用印泥的支票，或印章模糊的支票。③污损支票，即票面破碎、污损，无法辨认或字迹不清的支票。④账号与户名不符，或户名简写的支票。⑤更改处未盖银行预留印鉴的支票。⑥付款单位已清户的支票。⑦未填写用途或所填写用途不当的支票。⑧不按规定用碳素笔或签字笔书写的支票。⑨购买未经批准的专控商品的支票。⑩非本行支票。

（8）不准签发用途弄虚作假的支票。签发用途不真实的支票，系套取银行信用行为，一经发现，按违反结算制度给予经济处罚。

(9) 不准将盖好印鉴的支票存放于他人之处并让其代为签发，以防形成空头支票或发生经济诈骗。

学习单元3　手写发票的开具

学习目标

➢了解开具发票的有关知识。

➢掌握开具发票的相关规定。

➢能够开具发票。

知识要求

一、开具发票的有关知识

发票是商业企业专用发票的简称，是经济交往中最基本的商业凭证，是记录商业经营活动的一种书面证明，是在购销商品、提供或接受服务以及从事其他经营活动时开具、收取的收付款凭证。发票的用途是：购货方凭发票向财务部门报销入账，如为个人购买，可凭发票退换商品，并作为商品保修期间的原始凭证。发票具有法律效力。

二、开具发票的相关规定

(1) 开具发票的单位和个人在启用整本发票前应逐联检查，发现缺号、缺联现象，应将整本发票交主管税务机关鉴定后处理。发票应当按照规定的时限、顺序，逐栏全部联次一次性如实开具，“金额”“税额”栏合计（小写）数前加“¥”封头符号，大写合计数前加“×”封头符号。

(2) 开具发票时应加盖使用单位财务专用章。没有或对外不便使用财务专用章的单位，开具发票时应加盖发票专用章。发票专用章的样式由市国税局确定，中间刻制使用单位的税务登记号。需刻制发票专用章的单位，应向所在地税务机关提出申请，由税务机关核准后再向区、县公安机关办理刻章审批手续。财务专用章或发票专用章使用红色印泥（印油），其中发票专用章使用红色荧光印油。刻制发票专用章的刻字单位由市公安局、市国税局联合发文指定。未经指定，不得刻制发票专用章。

（3）开具发票的单位和个人应当设专人管理发票，并设置专用柜、库存放发票。同时，应建立使用登记制度。使用发票情况应及时记录在税务机关统一监制的《发票登记簿》上，以备税务机关查验。

（4）开具发票的单位和个人应当在办理变更或注销税务登记前向主管税务机关办理缴销发票手续，不得擅自处理。

（5）发票不得擅自拆本使用。因经营业务特殊，需拆本使用发票的单位，应向所在地税务机关提出书面申请，经批准后方可拆本使用。拆本使用发票的单位应建立严格的内部管理制度，发票存根联按号码顺序装订保管。

（6）若单位和个人丢失发票，应在发现丢失之日起 3 日内向所在地税务机关报告并在新闻媒体上刊登丢失声明。

技能要求

手写发票开具操作

一、操作准备

普通发票、笔、复写纸、“已开发票”章等。

二、操作步骤

步骤 1　检查销售小票

营业员在完成商品交易后，向需要开发票的顾客开具发票。营业员应检查销售小票或电脑打印小票的商品编码、品名、单价、数量、金额等内容。

步骤 2　填写发票

开具发票时，首先将复写纸垫入发票的不同联次间。自 2011 年 1 月 1 日起更换了新版手写发票，发票名称为“北京市国家税务局通用手工发票”，共有三联（第一联为发票联，第二联为记账联，第三联为存根联），如图 3—5 所示。

填写发票时用蓝色或黑色圆珠笔一次性复写，文字要规范，数字采用阿拉伯数字。合计金额大小写字迹书写要清楚、端正，数字书写要标准，不能写错字、自造字。

付款单位：按购货单位名称（全称）或顾客姓名填写。

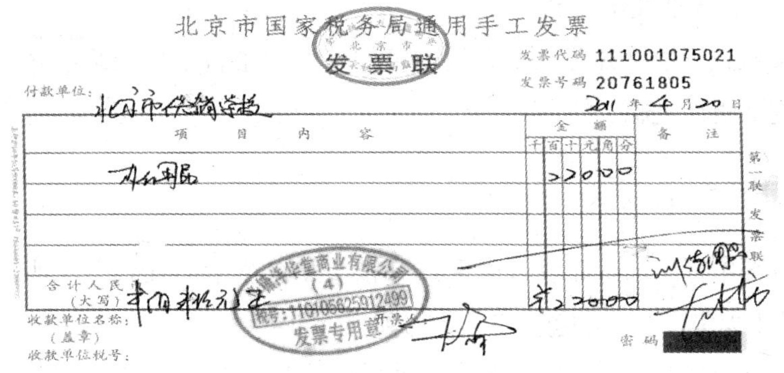

北京市国家税务局通用手工发票

发票联

发票代码 111001075021

发票号码 20761805

付款单位：

2011 年 4 月 20 日

项目内容	金额（千 百 十 元 角 分）	备注

合计人民币（大写）

收款单位名称：（盖章）

收款单位税号：

开票人

密码

第一联 发票联

图 3—5 手写发票

项目内容：逐一填写商品编号、品名、规格、单位、数量、单价、金额等。每笔金额要计算准确，合计金额栏中的大小写数字要相符。小写金额最大数字前加“¥”封头符号，大写金额最大数字前加“×”封头符号。

开票人：谁开票谁签名，以明确经济责任。

日期：按交易日期填写。

步骤 3 销售小票加盖“已开发票”章

发票开具完毕，营业员应将发票联（付款方收执联）撕下，加盖发票专用章或财务专用章。为防止顾客重复开具发票，还应在顾客的销售小票上加盖“已开发票”章，如图 3—6 所示。

销售小票

北京市××××有限公司

地址：××区沙子口

店员：0122 终端：003 交易：00026079

##

品名	后五位条码标志	数量	单价
计算器	23013	78	26.00

--------------------2010/10/13 13:55:06----------------

件数：78 品种数：1

应付合计：2028.00

实付合计：2028.00

现金：2030.00

找零：2.00 溢付：0.00

已开发票

****

电话：010-××××××××

感谢您的惠顾！欢迎再次光临！

图 3—6 加盖“已开发票”章

步骤 4　将发票交给顾客

营业员检查完毕已开好的发票后，将发票连同销售小票交给顾客，向顾客道别，并欢迎其再次光临。

三、注意事项

（1）发票不得涂改，如填错可重开一张，并在填错的发票上注明“作废”字样，附在存根联后，不得撕毁，以备核实查对。

（2）发生退货时，应收回原发票，注销作废或开具红字头发票冲回。

（3）发票要严格管理，专人负责。按发票本顺序号填写发票，不得空号。每本发票用完后要由专人记录有关情况，并送交管理部门。

学习单元 4　机打发票的开具

学习目标

➢ 掌握机打发票的填写方法和要求。

➢ 能够熟练操作税控机进行发票打印。

知识要求

一、增值税防伪税控系统的概念

增值税防伪税控系统（以下简称防伪税控系统）是国家金税工程的重要组成部分，是为控管增值税，遏制利用增值税专用发票偷税、骗税，防止税收流失而研制成的。它是运用数字密码和电子存储技术，强化专用发票的防伪功能，实现对增值税一般纳税人税源监控的计算机管理系统。

增值税专用发票需使用增值税防伪税控系统进行开具。

二、增值税防伪税控系统的构成

增值税防伪税控系统由通用设备、操作系统及软件、专用设备等构成。

1. 通用设备

计算机（要有光驱，方便安装软件），如图 3—7 所示。

图 3—7　计算机

2. 操作系统及软件

正版计算机操作系统，防伪开票软件。

3. 专用设备

（1）开票金税卡：是防伪税控系统的核心，智能型 PC 卡需安装在计算机主板上使用，如图 3—8 所示。

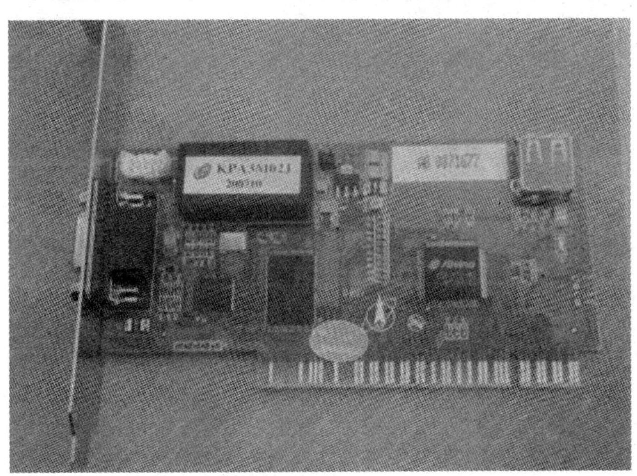

图 3—8　开票金税卡

（2）税控 IC 卡：是进入防伪税控系统的钥匙，是传递企业与税务部门之间发票信息和报税信息的媒介，如图 3—9 所示。

（3）读卡器：连接金税卡和 IC 卡的辅助设备，如图 3—10 所示。

图 3—9　税控 IC 卡

图 3—10　读卡器

（4）平推针式打印机：必须使用针式打印机，打印所填开的多联发票以及销货清单，如图 3—11 所示。

图 3—11　平推针式打印机

三、机打发票知识

机打发票就是非手写发票，是防伪税控系统所使用的电子发票，主要包括增值税专用发票、普通发票等。

1. 机打发票的种类

（1）增值税专用发票。增值税专用发票通常由增值税一般纳税人领购使用，而增值税小规模纳税人和非增值税纳税人不得领购使用。

（2）普通发票。普通发票可以由从事经营活动并办理相关税务登记的各种纳税人领购使用，未办理税务登记的纳税人也可以向税务机关申请领购使用普通发票。普通发票由行业发票和专用发票组成。前者适用于某个行业的经营业务，如商业零售统一发票、商业批发统一发票、工业企业产品销售统一发票等；后者仅适用于某一经营项目，如广告费用结算发票、商品房销售发票等。

2. 机打发票的特征

机打发票的纸张类型为无碳纸多联发票，即无须使用复写纸就可以将多联发票一次性打印出来。保管时不要折叠，不能有划痕。

3. 机打发票的识别

营业员需要识别防伪税控系统增值税专用发票、普通发票等机打发票，如图 3—12 所示。

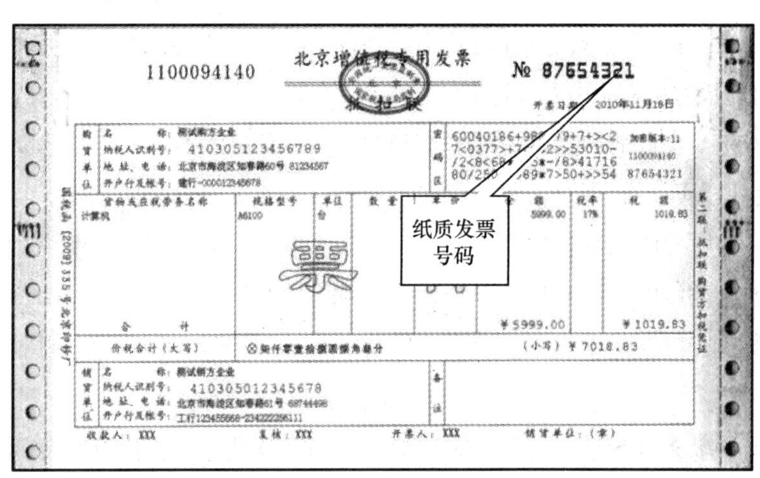

图 3—12　北京市增值税专用发票

（1）发票代码。发票代码位于发票左上角，由 10 位数字组成（手写版普通发票为 12 位数字代码），每位数字有不同的含义。

前四位数字为本地区行政编码，以省市为单位，如深圳市为 4403。

第五位、第六位数字为发票制版年度，如 05、06 等。

第七位数字代表印制批次。

第八位数字为发票种类，5 表示专用发票（含废旧物资发票），6 表示普通发票。

第九位数字为发票联次，如两联、三联、五联、六联等。

第十位数字目前为 0（旧发票为发票限额，如万元版、亿元版、计算机版等）。

（2）发票号码。发票号码位于发票右上角，由 8 位数字组成。计算机系统时间顺序自动生成，打印时与纸质发票号码必须一致，如图 3—12 所示。

（3）开票日期。计算机系统自动生成，不能更改，不能提前也不能延后。

（4）购方税号。购方税号即购货单位的纳税人识别号，可以是 15 位、18 位、20 位数字或字母。

（5）销方税号。销方税号即销货单位的纳税人识别号。

（6）税额。税额是根据不含税的销售收入乘以税率计算出来的。

4. 机打发票的明文、密文

机打发票包括明文和密文两部分。明文是指以上所述 6 项内容；密文共 84 位，位于发票右上角密码区，共 4 行，每行 21 位，每位由数字或符号显示，密码区右侧有加密版本、发票代码、发票号码，要求电子发票号码与纸质发票号码必须一致。密文必须在密码区域内且保持清晰，不能有折痕，不能涂写、盖章等。

5. 机打发票的填写方法和要求

用户需持本企业的税控 IC 卡到税务机关“发票发售子系统”中购买所需种类的发票；购得发票后，用户须将新购发票及时读入企业开票金税卡中，以备使用。

专用发票（含废旧物资发票）客户编码设置项目有：购货方名称，纳税人识别号，购货方地址、电话，购货方开户银行名称及账号。

普通发票客户编码设置必填项目：购货方名称和纳税人识别号，其他项目可以为空。

开票子系统支持开具专用发票和普通发票两种发票，下面以开具专用发票为例讲解填开步骤，普通发票的填开方法与此相同。

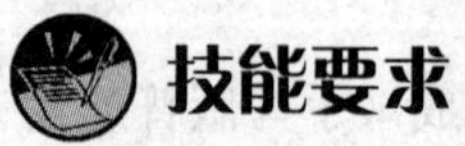

机打发票开具操作

一、操作准备

机打发票纸、金税卡、IC 卡、读卡器等。

二、操作步骤

步骤 1　进入开票系统

开启计算机，在桌面上用鼠标双击图标“防伪开票”，进入“防伪税控开票子系统”界面，如图 3—13 所示。

图 3—13　进入开票系统

步骤 2　选择开票员并确认

点击“进入系统”后，出现“操作员登录”界面，如图 3—14 所示。操作员用鼠标点击选择“开票员”，输入口令，核对日期及时间，核对无误后单击“确认”按钮。

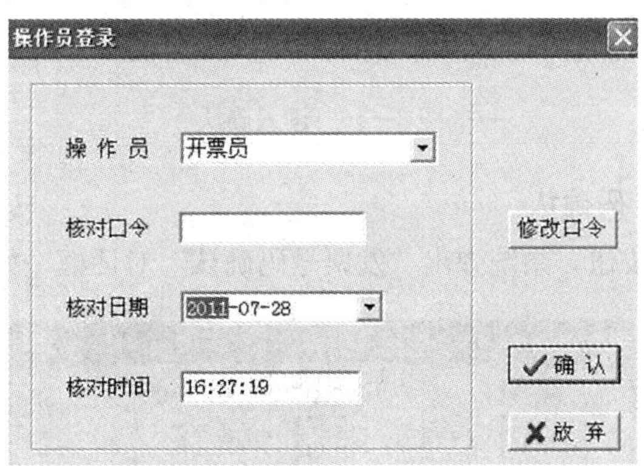

图 3—14　选择开票员并确认

步骤 3　选择发票管理

在“增值税防伪税控系统防伪开票子系统”界面中，用鼠标点击“发票管理”，屏幕上出现“发票管理”界面，如图 3—15 所示。

图 3—15　选择发票管理

用鼠标点击“发票管理”界面中的“专用发票填开”图标，出现“读入确认”对话框，如图 3—16 所示。

图 3—16　读入确认

步骤 4　发票号码确认

单击“确认”按钮，系统弹出“发票号码确认”对话框，如图 3—17 所示。

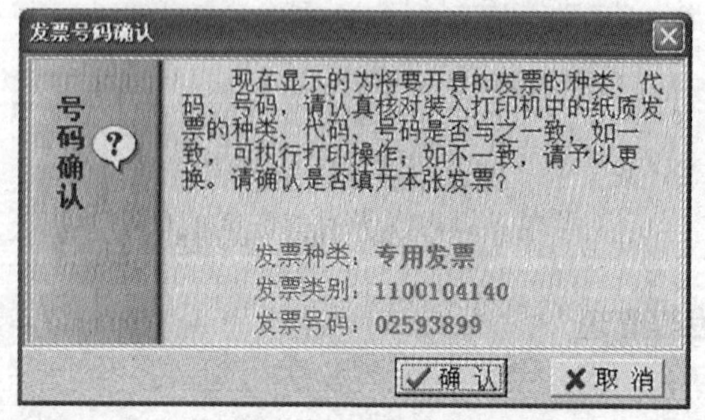

图 3—17　发票号码确认

单击“确认”按钮，进入“增值税专用发票填开”界面，如图 3—18 所示。

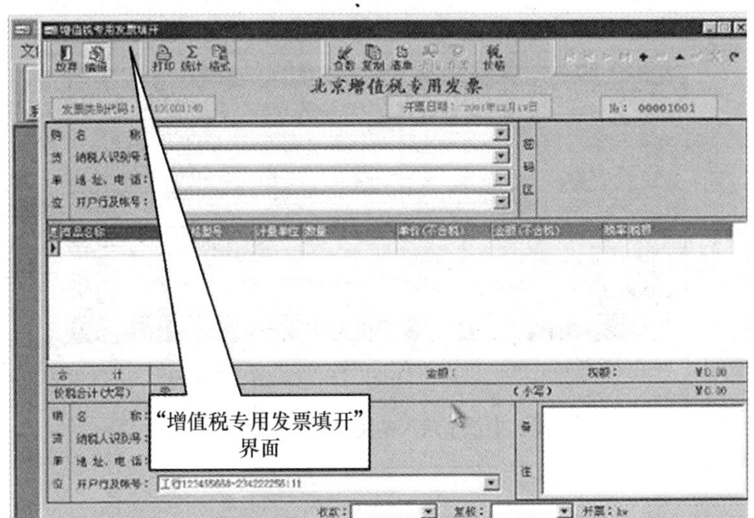

图 3—18　“增值税专用发票填开”界面

步骤 5　填写购货单位信息

填写购货单位信息有两种方式。

（1）从客户编码库中选取。点击“名称”或“税号”右边的下拉编辑菜单，弹出购货单位信息，用鼠标双击即可填入，如图 3—19 所示。

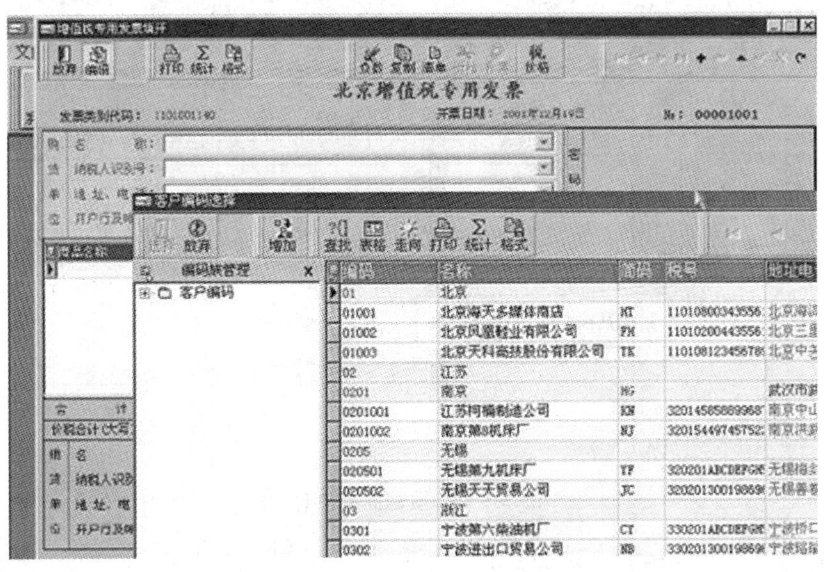

图 3—19　在客户编码库中选择购货单位信息

（2）在票面上直接手工输入。如果客户编码库中没有购货单位信息或客户属于非经常性购货单位，可在票面上直接手工录入购货单位信息，但输入的信息系统不会自动保存在客户编码库中，如图 3—20 所示。

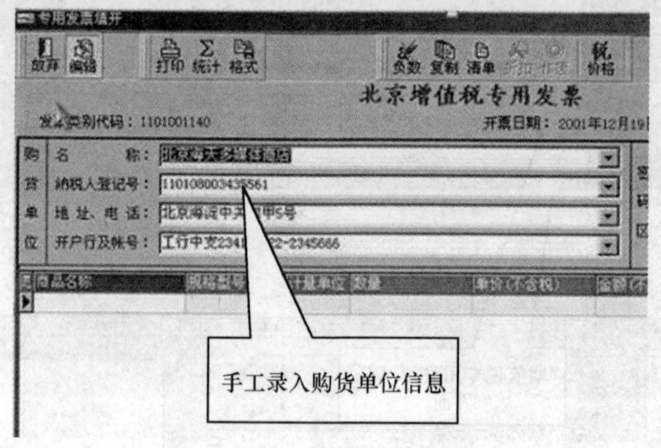

图 3—20　手工录入购货单位信息

步骤 6　填写商品信息

填写商品信息只能从商品编码库中选取，用鼠标点击商品名称下面的空白行，出现，用鼠标点击“”，可弹出“商品编码选择”界面，如图 3—21 所示。

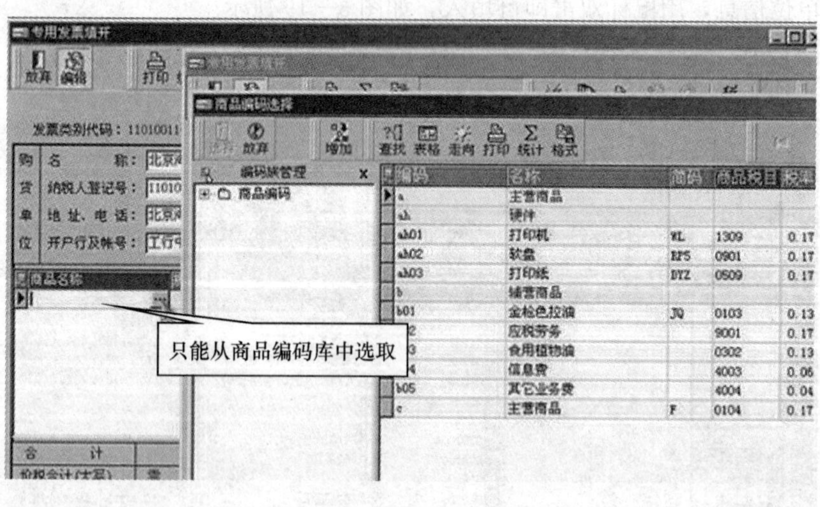

图 3—21　填写商品信息

步骤 7　填写收款人、复核人

最后要填写收款人、复核人，要求二人不能为同一人。填写收款人、复核人方式有两种，即用鼠标选择和手工录入，如图 3—22 所示。

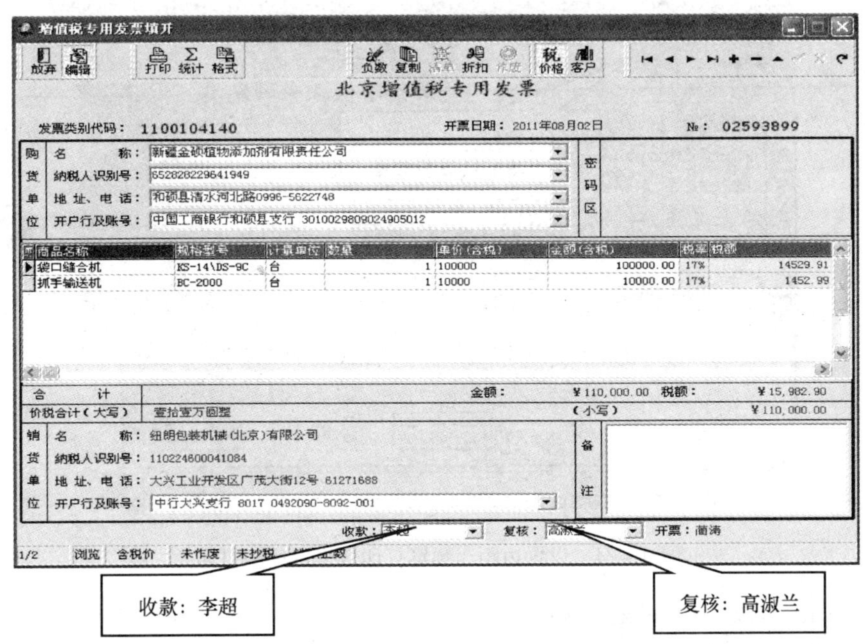

图 3—22　填写收款人、复核人

步骤 8　打印发票

开票界面中的“打印”具有保存功能，一旦点击，将无法修改发票。首次打印发票最好用空白纸试打，以确定打印机的设置。保存的发票可以利用“发票管理”中的“发票查询”功能进行多次打印。其示意图如图 3—23 所示。

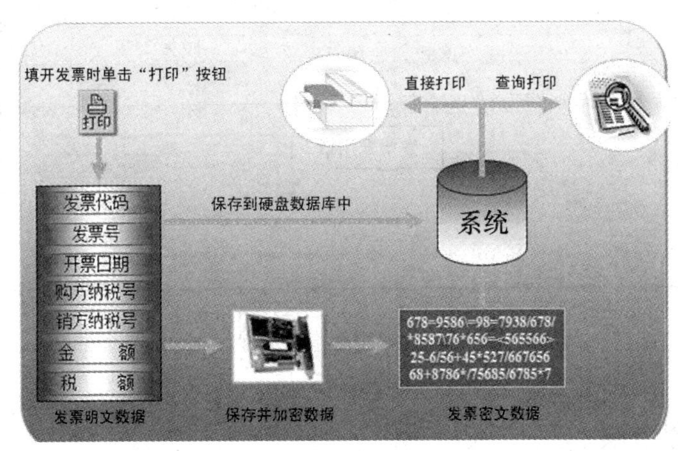

图 3—23　打印发票

发票填写完毕并检查无误后，单击“打印”按钮，弹出“发票打印”对话框，此时可以设置边距、预览打印效果、实施打印，如图 3—24 所示。

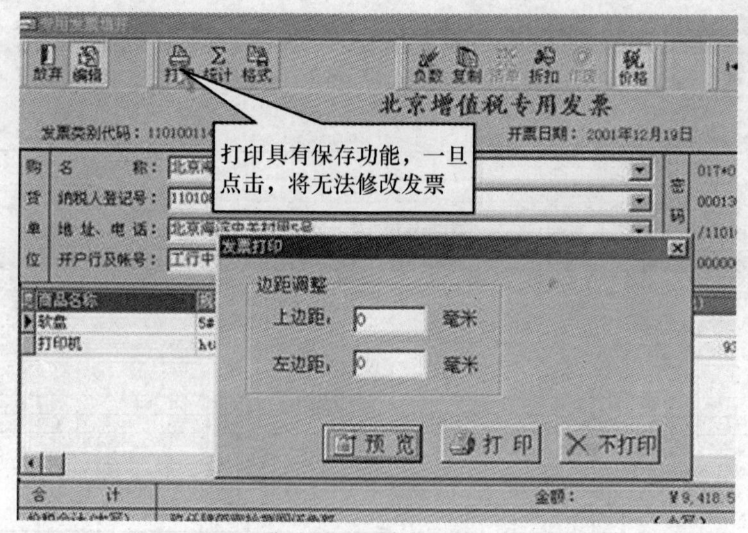

图 3—24 设置边距、预览打印效果、实施打印

步骤 9 加盖“发票专用章”

在打印完毕的发票或清单上加盖“发票专用章”，然后交给顾客，如图 3—25 所示。

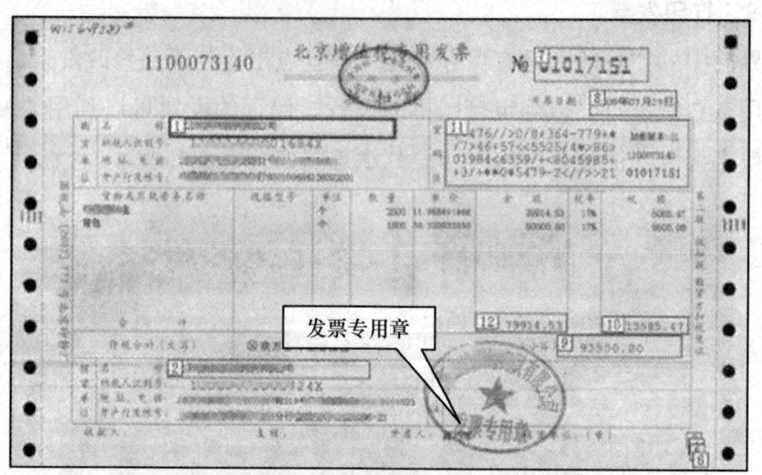

图 3—25 打印出的增值税专用发票

三、注意事项

（1）退货后发票处理方法。发生退货时，要向顾客开具红字专用发票（又称负数发票），即冲减原来开过的发票。应先向税务机关提交申请单，税务机关审核并开具通知单后，企业方可开具红字专用发票。红字专用发票必须跨月才能填开。普

通发票无须申请即可填开红字专用发票。

（2）发票作废。只能作废当月开具的发票，开票员只能作废自己填开的发票，管理员可以作废所有开票员开具的发票。发票一旦作废，将不能修改。

第 2 节　收　款

学习单元 1　真假人民币识别

学习目标

- 了解人民币防伪特征有关知识。
- 掌握人民币假币的识别方法。
- 能够识别真假人民币。

知识要求

一、第五套人民币防伪特征

1. 第五套 100 元人民币防伪特征

第五套人民币 100 元纸币：主色调为红色。票幅长 155 毫米，宽 77 毫米。票面正面主景为毛泽东头像，左侧为“中国人民银行”行名、阿拉伯数字为“100”、面额“壹佰圆”和椭圆形花卉图案。票面左上角为中华人民共和国国徽图案，票面右下角为盲文面额标记，票面正面印有双色异形横号码。票面背面主景为人民大会堂图案，左侧为人民大会堂内圆柱图案。票面右上方为“中国人民银行”汉语拼音大写字母和蒙、藏、维、壮四种民族文字的“中国人民银行”字样和面额，如彩图 1 所示。

2. 第五套 50 元人民币防伪特征

第五套人民币 50 元纸币：主色调为绿色。票幅长 150 毫米，宽 70 毫米。票面正面主景为毛泽东头像，左侧为“中国人民银行”行名、阿拉伯数字为“50”、面额“伍拾圆”和花卉图案。票面左上角为中华人民共和国国徽图案，票面右下角为盲文面额标记，票面正面印有双色异形横号码。票面背面主景为布达拉宫图案。票面右上方为“中国人民银行”汉语拼音大写字母和蒙、藏、维、壮四种民族文字的“中国人民银行”字样和面额，如图 3—26 所示。

图 3—26　第五套 50 元人民币防伪特征

3. 第五套 20 元人民币防伪特征

第五套人民币 20 元纸币：主色调为棕色。票幅长 145 毫米，宽 70 毫米。票面正面主景为毛泽东头像，左侧为“中国人民银行”行名、阿拉伯数字为“20”、面额“贰拾圆”和花卉图案。票面左上角为中华人民共和国国徽图案，票面右下角为盲文面额标记，票面正面印有双色异形横号码。票面背面主景为桂林山水图案。票面右上方为“中国人民银行”汉语拼音大写字母和蒙、藏、维、壮四种民族文字的“中国人民银行”字样和面额，如图 3—27 所示。

图 3—27 第五套 20 元人民币防伪特征

4. 第五套 10 元人民币防伪特征

第五套人民币 10 元纸币：主色调为蓝色。票幅长 140 毫米，宽 70 毫米。票面正面主景为毛泽东头像，左侧为“中国人民银行”行名、阿拉伯数字为“10”、面额“拾圆”和花卉图案。票面左上角为中华人民共和国国徽图案，票面右下角为盲文面额标记，票面正面印有双色异形横号码。票面背面主景为长江三峡图案。票面右上方为“中国人民银行”汉语拼音大写字母和蒙、藏、维、壮四种民族文字的“中国人民银行”字样和面额，如图 3—28 所示。

5. 第五套 5 元人民币防伪特征

第五套人民币 5 元纸币：主色调为紫色。票幅长 135 毫米，宽 63 毫米。票面正面主景为毛泽东头像，左侧为“中国人民银行”行名、阿拉伯数字为“5”、面额“伍圆”和花卉图案。票面左上角为中华人民共和国国徽图案，票面右下角为盲文面额标记，票面正面印有双色异形横号码。票面背面主景为泰山图案。票面右上方为“中国人民银行”汉语拼音大写字母和蒙、藏、维、壮四种民族文字的“中国人民银行”字样和面额，如图 3—29 所示。

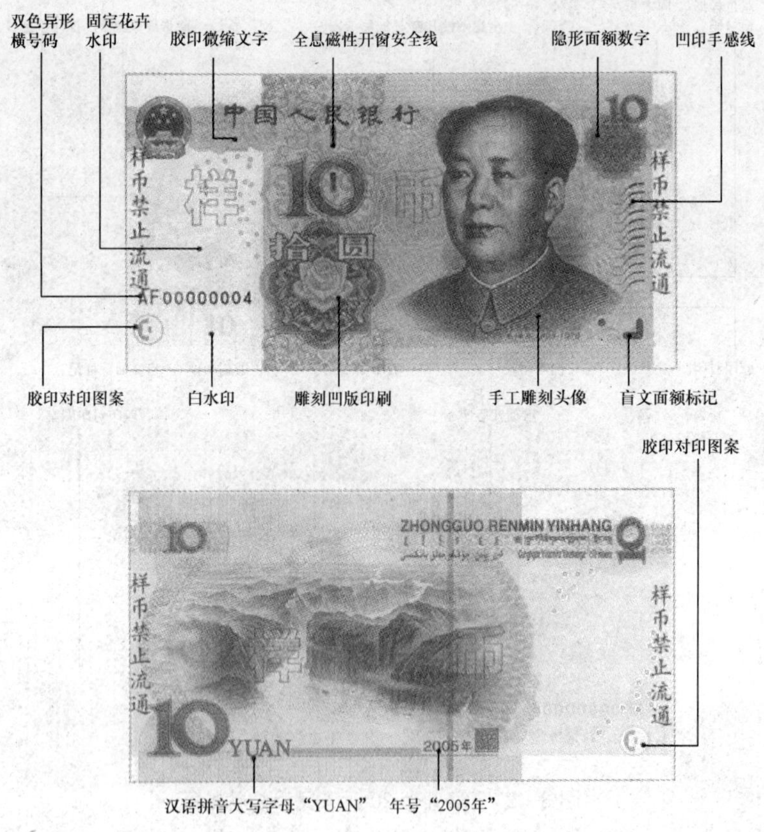

图 3—28　第五套 10 元人民币防伪特征

二、识别假币的一般方法

1. 水印

第五套人民币的五种纸币都含有水印。100 元券和 50 元券的水印图案是立体感很强的毛泽东头像；20 元券是一朵荷花；10 元券和 5 元券采用了双水印，10 元券是月季花和数字“10”两处水印图案，5 元券是水仙花和数字“5”两处水印图案，如彩图 2 所示。

2. 安全线

第五套人民币的五种纸币均采用了安全线技术。100 元券和 50 元券采用了胶印微缩文字安全线，20 元券、10 元券和 5 元券采用了全息磁性开窗安全线，如图 3—30 所示。

3. 红、蓝彩色纤维

第五套人民币的纸张中含有不规则分布的红色或蓝色纤维，如彩图 3 所示。

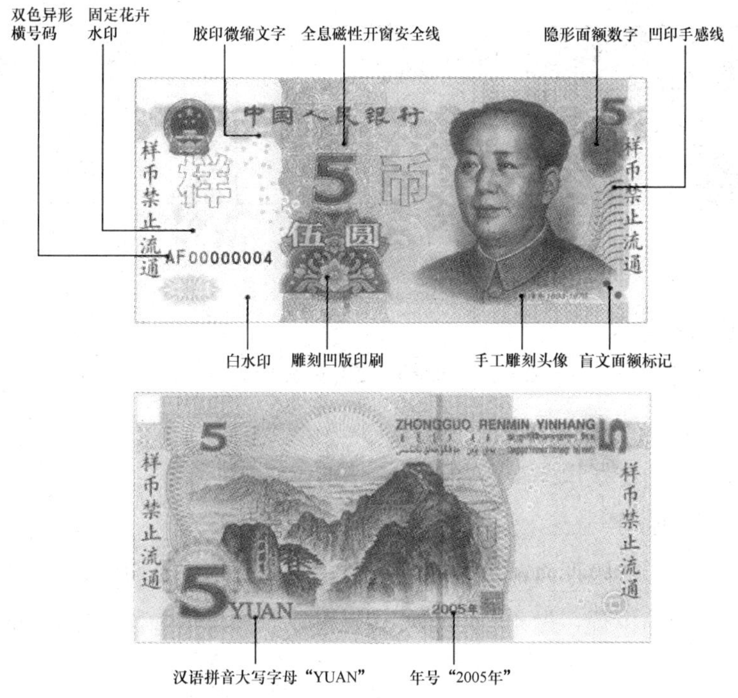

图 3—29　第五套 5 元人民币防伪特征

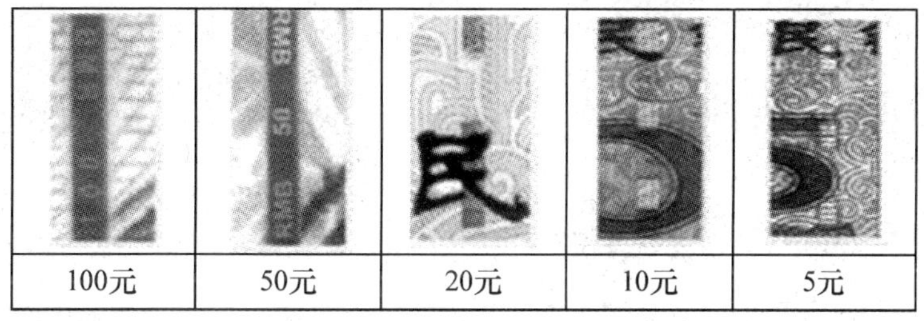

100元	50元	20元	10元	5元

图 3—30　不同面值人民币安全线

4. 光变油墨技术

第五套人民币首次采用了光变油墨技术，用来印刷 100 元人民币和 50 元人民币正面左下方的面额数字。将所观察的票面倾斜到一定角度时，100 元人民币的面额数字由绿色变为蓝色（见彩图 4），而 50 元人民币的面额数字则由金黄色变为绿色。

5. 雕刻凹版印刷

雕刻凹版印刷技术广泛应用于第五套人民币的毛泽东头像、“中国人民银行”行名、面额数字、盲文面额标记等处。特点是图文线条精细、层次丰富、立体感强，用手触摸有明显的凹凸感，如图 3—31 所示。

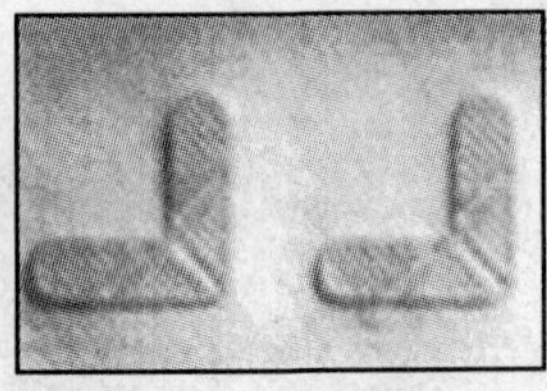
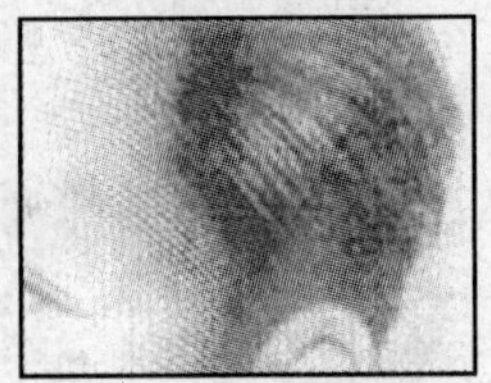

图 3—31　雕刻凹版印刷

6. 阴阳互补对印

阴阳互补对印应用于 100 元人民币、50 元人民币和 10 元人民币中。这三种纸币的正面左下方和背面右下方都印有一个圆形局部图案。迎光观察，两幅图案准确对接，组成完整的古钱币图案，如图 3—32 所示。

7. 隐形面额数字

第五套人民币的隐形面额数字印在纸币正面的右上方。面向光源，将纸币置于与眼睛接近平行的位置，做 45°或 90°旋转，可以看到隐形面额数字，如图 3—33 所示。

图 3—32　阴阳互补对印

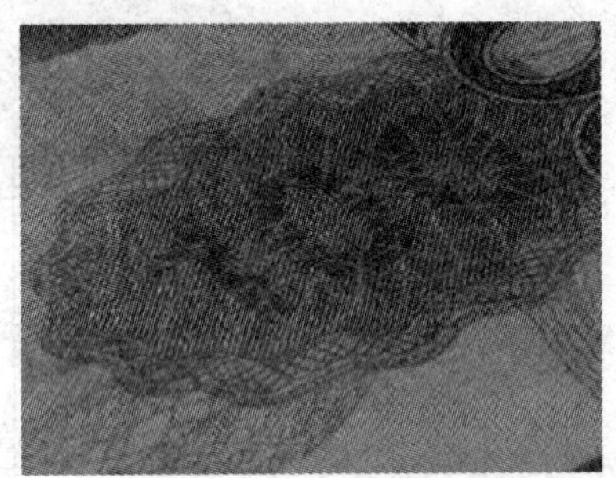

图 3—33　隐形面额数字

8. 胶印微缩文字

第五套人民币的五种纸币都含有胶印微缩文字，分别位于 100 元券、50 元券、10 元券和 5 元券的正上方，20 元券的正面右侧和下方以及背面图案中，如图 3—34 所示。

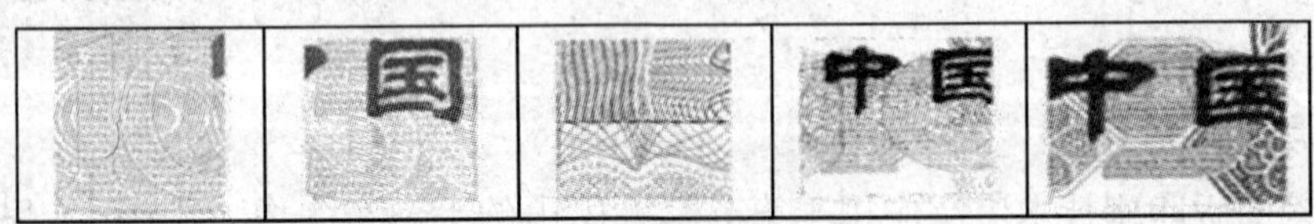

图 3—34　胶印微缩文字

9. 凹印微缩文字

第五套人民币各券别正面胶印图案中，多处印有微缩文字，20 元券背面也采用了该防伪措施。100 元券微缩文字为“RMB 100”，50 元券微缩文字为“RMB 50”，20 元券微缩文字为“RMB 20”，10 元券微缩文字为“RMB 10”，5 元券微缩文字为“RMB 5”。

凹印微缩文字必须借用放大镜才能分辨出来。其分布于 100 元券、50 元券和 5 元券背面主景下方和右下角的面额数字内，以及 20 元券、10 元券和 5 元券正面右上方的装饰图案中，如图 3—35 所示。

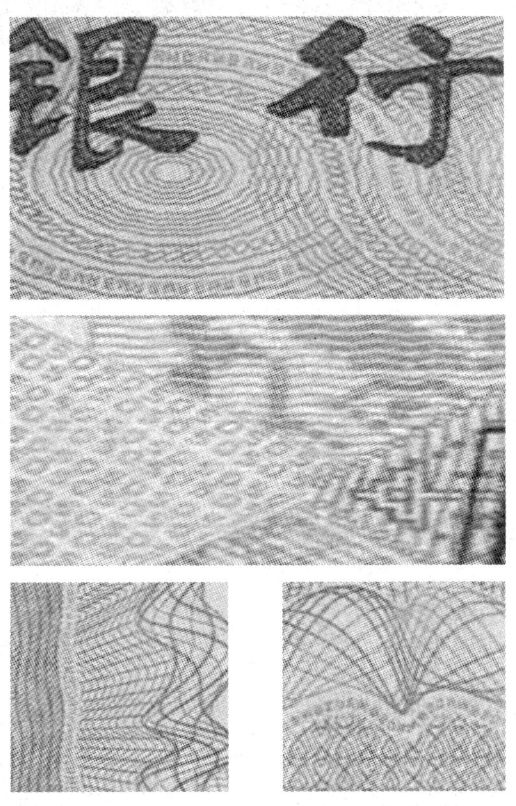

图 3—35　凹印微缩文字

10. 双色异形横号码

第五套人民币采用了双色异形横号码，号码的左侧部分为红色，右侧部分为黑色，如图 3—36 所示。

三、误收假币的处理方法

钱款当面点清，出门概不负责，这是在银行、商场等公共场所约定俗成的规

图 3—36　双色异形横号码

矩。营业员一旦误收假币，不应再次使用，而应上缴当地银行或公安机关，损失由自己承担。

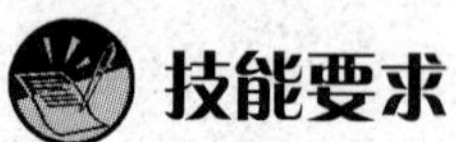

技能要求

真假人民币鉴别操作

直观辨别人民币真伪的方法可归纳为“一看、二摸、三听、四测”。

步骤 1　看

一是看水印，迎光观察人民币，10 元以上人民币可在水印窗处看到人头像或花卉水印，5 元人民币是水仙花水印。

二是看安全线，第四套人民币 1990 年版 50 元券、100 元券正面右侧有一条清晰的直线。假币的安全线或是用浅色油墨印成，模糊不清；或是手工加入一条银色塑料线，容易在纸币边缘发现未经剪齐的银白色线头。第五套人民币的安全线上有微缩文字，假币仿造的文字不清晰，线条容易抽出。

三是看票面图案色彩是否鲜明，线条是否清晰，对接线是否对接完好，无留白或空隙。

步骤 2　摸

由于 5 元以上面额人民币采用凹版印刷技术，线条形成凸出纸面的油墨道，特别是盲文点、“中国人民银行”字样、第五套人民币人头像等部位。用手抚摸这些地方，有较明显的凹凸感，较新钞票用手指划过有明显阻力。目前收缴到的假币采用的是胶版印刷技术，票面平滑，无凹凸感。

步骤 3　听

人民币纸张为特制纸，结实挺括，新钞票用手指弹动会发出清脆的响声。假币纸张绵软、偏薄，声音发闷，不耐揉折。

步骤 4　测

用简单仪器进行荧光检测，一是检测纸张有无荧光反应，人民币纸张未经荧光漂白，在荧光灯下无荧光反应，纸张发暗。假币纸张多经过漂白，在荧光灯下有明显的荧光反应，纸张发白发亮。二是真币有 1～2 处荧光文字，如 100 元人民币正面用仪器检测时呈淡黄色“100”，假币的荧光文字色泽不正，呈惨白色；100 元人民币背面有彩色印刷图案，如图 3—37 所示。

图 3—37　荧光检测

学习单元 2　国内银行卡结算

学习目标

- 了解国内银行卡的有关知识。
- 掌握打印签购单并核对持卡人身份、签名的工作要求。
- 能够进行国内银行卡结算操作。

知识要求

银行卡是由银行发行，具有支付结算、汇兑转账、储蓄、消费信贷、个人信用、综合服务等全部或部分功能的信用支付工具。

一、银行卡的分类

银行卡的分类见表3—4。

表3—4　银行卡的分类

分类标准	银行卡的种类
清偿方式	信用卡（贷记卡）、借记卡（储值卡）
结算币种	人民币卡、外币卡（境内外币卡、境外银行卡）、双（多）币卡
发行对象	单位卡（商务卡）、个人卡
信息载体	磁条卡、芯片卡（智能卡或IC卡）
信誉等级	金卡、普通卡等不同等级
流通范围	国际卡、地区卡
持卡人地位和责任	主卡、附属卡

二、银行卡的使用

银行卡及其账户只限持卡人本人使用，不得出租和转借。根据银行卡的种类，持卡人可享有以下服务：

（1）消费。持卡人可根据发卡银行规定的使用范围和使用方法在特约商户处购物或支付劳务费。通常出示银行卡并输入预留密码，或出示本人身份证，即可代替现金支付。

（2）存取款、汇兑。持卡人可利用银行卡办理存款、取款（包括异地取款、跨行取款）和汇款业务。

（3）透支。信用卡持卡人还可申请一定额度的信用透支。

（4）单位卡的使用。单位卡不得存取现金，单位卡内的资金一律由基本账户转账存入。

三、银行卡联网通用

银行卡联网通用是指承办银行卡业务的机构利用自身网络系统、终端机具、特约商户及技术服务手段，与银行卡跨行信息交换系统相连，实现银行卡跨行通用。

联网银行卡持卡人可在任何一家联网银行的ATM机上跨行取款，可在任何一台联网的POS机上消费，还可跨地区取款和消费。

银行卡持卡人同城或异地跨行取款，银行收取一定额度的手续费。

技能要求

国内银行卡结算操作

一、操作准备

金融 POS 机 1 台、银行卡 1 张、签购单 1 卷、签字笔、销售小票等。

（1）检查金融 POS 机是否处于消费界面。

（2）检查签购单是否处于待打印状态。

（3）受理的银行卡是否正常。

二、操作步骤

步骤 1　接过销售小票

营业员从顾客手中接过销售小票后，应仔细查看销售小票上的商品名称、数量、金额等内容。

步骤 2　识别国内银行卡

银联标准卡如图 3—38 所示。

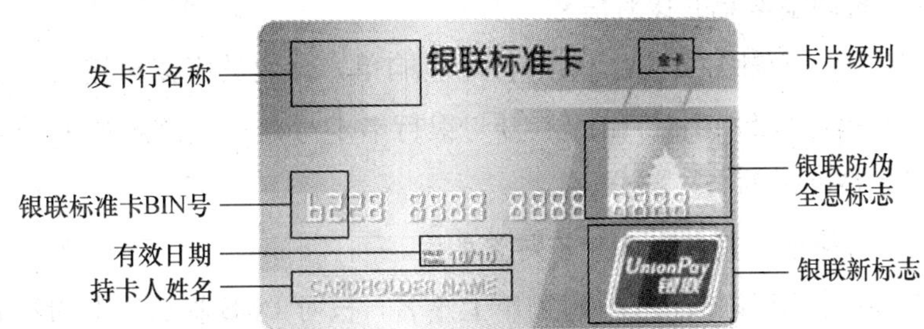

图 3—38　银联标准卡

营业员通过目测、触摸、刷卡校验三种方法识别国内银行卡。

目测：通过目测所受理的银行卡正、背面各要素，识别银联标志卡、银联标准卡等银行卡，正确区分信用卡与借记卡。

触摸：通过触摸所受理的银行卡正、背面，识别银行卡真伪。

刷卡校验：通过刷卡，金融 POS 机屏幕上会显示所受理的银行卡卡号，营业员核对卡号来识别银行卡真伪，还可通过金融 POS 机显示的应答信息来识别银行卡真伪。

步骤 3　刷卡操作

营业员将有效的银行卡放入刷卡机内，使银行卡沿槽口滑下，如图 3—39 所示，金融 POS 机屏幕上将显示银行卡卡号，营业员要核对卡号，防止出现伪造卡。

图 3—39　刷卡操作

步骤 4　输入交易金额

营业员输入交易金额，核对后请持卡人确认。

步骤 5　请持卡人输入密码

请持卡人输入密码，按“确认”键。如银行卡无消费密码，可直接按“确认”键。

步骤 6　打印签购单并核对信息

交易成功后，金融 POS 机会自动打印签购单，营业员应核对签购单上的金额是否正确，并核对签购单上打印的卡号与银行卡卡号是否一致，如卡号被部分屏蔽，则核对未被屏蔽的卡号部分。

步骤 7　请持卡人签名确认并核对签名

请持卡人在打印出来的 POS 签购单上签名，核对 POS 签购单上的签名与银行卡背面签名条处的签名是否一致，如图 3—40 所示。

步骤 8　退还银行卡及交易凭据

核对签名一致后，将顾客的银行卡、签购单的存根联、交易凭据退还给顾客保存。

三、注意事项

1. 严格按照银行卡要求进行操作

鉴于银行卡的使用权不能转让给他人，营业员在受理前必须进行持卡人身份确认。

LOTTE Mart

银联商务特约商户 POS 签购单

****

商户名称：乐天超市有限公司

商户号：303110254110002

终端号:13030647

日期时间：2010/02/04 12：36：13

发卡行：广发银行

卡号：5201521371278863

有效期：1210

交易类型：消费（SALE）

批次号：000090　凭证号：023520

系统参考号：123813165549

授权码：609366

操作员：01

金额：RMB：156.46

备注：

****

本人确认以上交易，同意将其记入本卡账户，持卡人签名（SIGNATURE）

×××

中国农业银行

AGRICULTURAL BANK OF CHINA

Beijing China

北京鼎开兴石油制品有限公司

1201P7XL

103100055427837

5201 5213 7127 8863 S

消费（SALE）　2012/10

000146　027466

2010/02/04　08:16:42

120204085036　466496

RMB:180.00

持卡人存根　CARDHOLDER COPY

图 3—40　POS 签购单

凡有银联标志的银行卡在国内使用时，应统一在受理人民币卡的 POS 机上进行交易，避免在受理外币卡的 POS 机上使用。

营业员应警惕以下欺诈用卡行为：持卡人身份异常，持卡人购物态度异常，所购商品与常规不符，持卡人购物神情紧张，多次刷卡或试密码，分单支付，签名动作异常等。

2. 发现可疑情况要及时与有关部门联系

当营业员对银行卡或持卡人产生怀疑但尚不确定时，可致电收单银行 24 小时授权中心或银联客服中心，向授权人员报称“代号 10”，授权人员将向营业员提出一系列问题，营业员只需以“是”或“不是”进行回答即可。授权人员将根据营业员的答复加以判断，并授权发卡行对营业员提供必要的帮助。

在不危及人身安全的前提下，可根据授权人员的指示，联络保安扣留持卡人；若持卡人逃离，应注意截留问题卡片。

学习单元 3　收银机的使用

学习目标

➢了解固定收银机和移动收银机的有关知识。

➢掌握使用固定收银机和移动收银机的方法。

➢能够使用固定收银机和移动收银机。

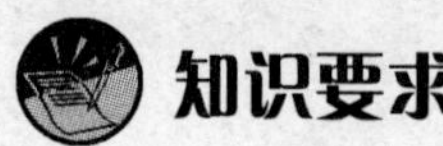

知识要求

一、收银原则

1. 唱收唱付原则

营业员对待顾客要微笑服务，唱收唱付。收取货款务必做到“三唱一复”。“三唱”，即“唱价”，确认顾客所购商品的价格；“唱收”，确认所收顾客现金数额；“唱付”，确认找给顾客现金余额。“一复”，即“复核”，确认所付商品价格与收进货款是否相符。其中唱收是最重要的一环，唱收的作用主要是寻求顾客的认同，只有经双方共同确认后，货币才可入柜，营业员如果忽略这一关，便极易造成纠纷。唱收金额得到确认，唱付才会随后被确认。例如，对顾客唱收：“您的商品共计××元，收您现金××元。”营业员将零钱找给顾客时，也要进行唱付：“找您现金××元，请点好。”

2. 找零原则

营业员在找零时应遵循三个原则。一是唱付原则，告知顾客找给零钱的金额。例如：“收您 500 元，应收 470 元，找您 30 元，请您拿好。”二是正确找零原则，需要找零钱时，必须按照收款机显示的余额找零，不能以零钱不足等理由拒绝找零，同时要实事求是，不得四舍五入。三是手递原则，找零时应双手将所找零钱递给顾客，要尊重顾客，不得扔摔。

二、固定收银机的运行环境、结构、功能键介绍

1. 固定收银机的运行环境

收银机理想的工作温度应在 10～35℃之间，温度太高或太低都会影响配件使用寿命，高温会给收银机的 CPU、显示器、主板、硬盘等对温度敏感的器件带来较大伤害。

收银机相对湿度在 30%～80%之间比较适宜。如果湿度太高，会影响收银机性能的发挥，甚至会因为潮湿而引起短路等危险情况，严重的还会烧毁收银机；反之，过于干燥也不好，因为容易产生静电，同样对收银机有害。

收银机工作时产生的静电具有吸尘功效，灰尘附着在集成电路板表面上时，会造成散热不畅，严重时会导致主板短路。

2. **固定收银机的结构**

固定收银机如图 3—41 所示。

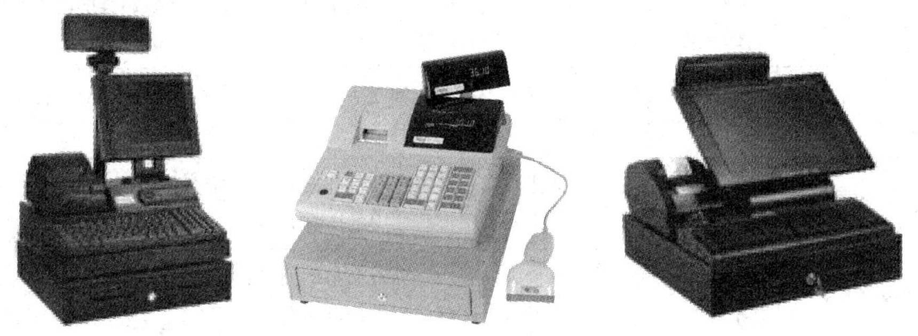

图 3—41　固定收银机

不同类型的收银机，其结构大致相同，都是由一台电子收款机和多部外围设备组成。其中，电子收款机包括可编程键盘、掌上数据采集器、POS 专用打印机、PC 主机与显示器、自动钱柜、条形码阅读器、磁卡读写器、电子秤、后备电源（UPS）、通信联网接口等部分。常见的固定收银机外围设备如图 3—42 所示。

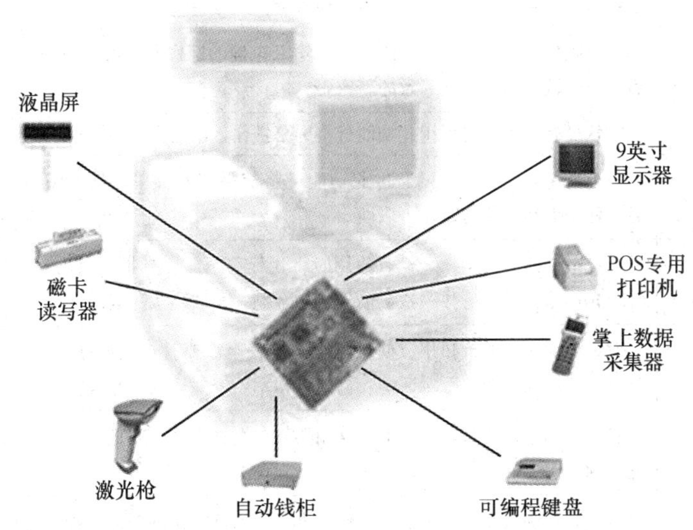

图 3—42　常见的固定收银机外围设备

3. **固定收银机的功能键**

此处以“BFPOS 商友销售终端”为例进行介绍。固定收银机功能键的使用说明见表 3—5。

表 3—5　　固定收银机功能键的使用说明

功能键	使用说明
【添加小票】	同一顾客持多张购物小票交款时，本功能键可一次性核算出该顾客的购物款并对应打印多张机制发票。每添加一张小票，系统记为一笔交易
【前一小票】 【后一小票】	添加完小票后，可用【前一小票】和【后一小票】功能键翻阅、核对、修改交易内容
【作废小票】	在未完成交易前，某张小票中的内容全部作废，系统对该小票不记为交易。用于商品录入错误或由顾客提出不购买该小票中的所有商品
【作废交易】	在未完成交易前，取消某顾客所有准备交易的商品，一次性作废该顾客准备交易的所有小票。本功能键只能对未存盘的交易进行操作
【删除一行】	用于删除商品录入错误或顾客不购买某商品信息。删除时，红色光标要回到“数量”栏
【本班日报】	用于查询、核对当前班次某收款员及分柜组收款情况
【本日日报】	用于查询、核对当前时刻几个班次的收款情况
【打印小票】	用于补打小票，输入需要补打的小票号
【打印切换】	选择是否使用打印机，用左右箭头选择“是”或“否”
【计算器】	用此功能键可以帮助收款员进行一般数字计算
【点钞器】	用此功能键可以帮助收款员按票面数额汇总收款金额
【修改口令】	修改收款员密码，修改密码时必须输入正确的旧密码，没有旧密码，按“确认”键后，连续输入两次完全一致的新密码
【锁屏】	收款员有事离开时可用此功能键将屏幕锁住，输入自己的口令才能返回收款界面
【交易挂取】	一笔交易未完成时，可通过此功能键将交易临时挂单，且未保存数据，交易挂起后，处于无销售状态时才可取回
【折扣金额】	设定单件商品的折扣金额。使用时将光标移至需要打折的商品处，按“折扣金额”键，光标停留在“折扣”栏，输入折扣金额，按“确认”键即可
【折扣率】	设定单件商品的折扣率。使用时将光标移至需要打折的商品处，按“折扣率”键，弹出“请输入折扣率”对话框，输入折扣率，按“确认”键即可
【扣券功能】	选择非选单退货时，系统不计算扣券额和退券额，利用此功能键手工输入扣券额和退券额
【贵宾卡】	提示顾客刷贵宾卡。刷卡后，顾客可享受系统提供的商品折扣或会员价、消费积分等优惠
【查询】	利用此功能键可查询储值卡余额、会员卡积分、前台转储等信息
【退货】	利用此功能键可进行顾客退货或换货处理
【编辑键】	利用此功能键可进行退格、删除、上移、下移、左移、右移等操作
【录入盘点表】	用于盘点管理，是将商品账面库存值与手工盘点库存值作比较，确定商品实际库存量，并生成盘点报告

三、移动收银机的结构、功能键介绍

移动收银机（见图 3—43）是零售行业为方便顾客结算而使用的一种收款机。移动收款机的类型主要包括手持 POS 机、无线 POS 机、批处理 POS 机等。

图 3—43　移动收银机

1. 移动收银机的结构

移动收银机主要由小票打印区、显示屏、电池、条码扫描区、手写笔、机器重启开关、键盘区等部分组成。主要区域分为显示区、功能键区、数字区等，如图 3—44 所示。

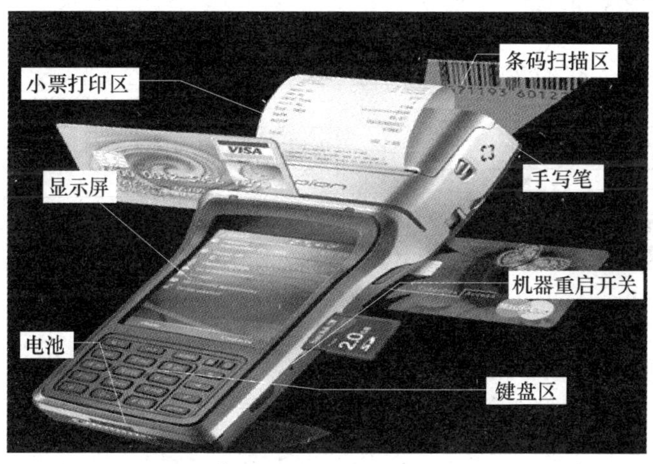

图 3—44　移动收银机结构组成

2. 移动收银机的功能键

移动收银机的功能键主要包括方向键、复位键、确认键、数字键、开机键等，如图 3—45 所示。移动收银机功能键的使用说明见表 3—6。

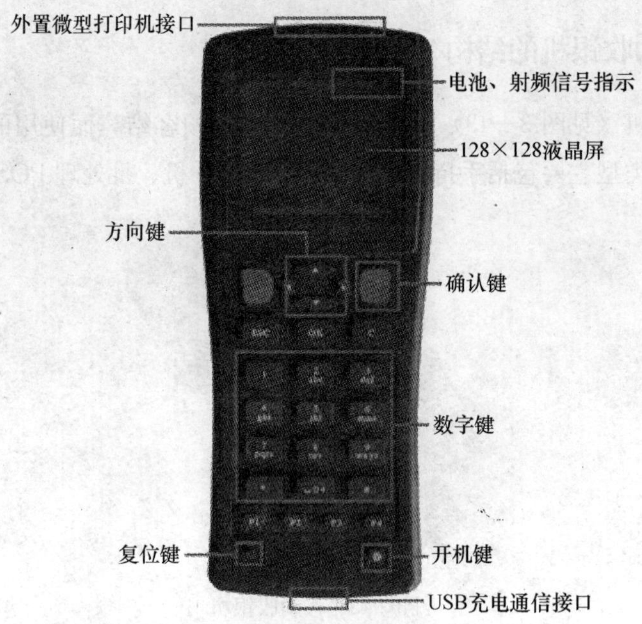

图 3—45　移动收银机功能键组成

表 3—6　　移动收银机功能键的使用说明

功能键	使用说明
【开机键】	打开、关闭移动收银机时使用此键
【复位键】	当移动收银机出现死机现象时使用此键
【数字键】	用于输入商品编码、数量等
【方向键】	向上、向下、向左、向右移动时使用此键
【确认键】	对操作进行确认时使用此键

技能要求 1

固定收银机现金收银操作

一、操作准备

固定收银机 1 台、现金若干。

二、操作步骤

收银机加电后，应确定收银机自检、通信数据传输、收银软件系统及收款员注册显示正常，如图 3—46 所示。

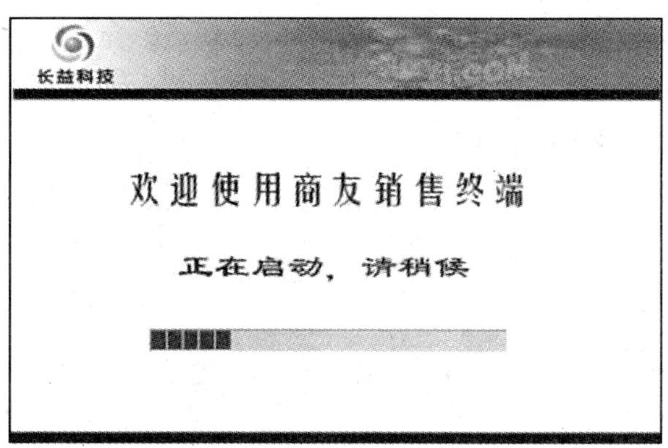

图 3—46　开机界面

步骤 1　开机

打开收银机电源开关（注意：先开 UPS 不间断电源，再开打印机，最后开 POS 电源），POS 系统启动。

步骤 2　登录

进入用户登录状态，系统状态正常，收款员登录，收款员输入相关信息，如图 3—47 所示。

收款机 101
收款员
口　令
2005年5月31日星期二

BFPOS 商友销售终端　小票号：000121
营业员　部门
商品码　商品名称　单位　单价　数量　折扣　金额
本　票　合　计
第1张
合计　找零
收款台：101　收款员：收款员　2005年5月31日 星期二　17:55:55

图 3—47　登录

步骤 3　备足找零款

收款员应准备足够的找零款并放入收款机内。

步骤 4　扫描、录入商品条码

顾客选好购买的商品后，收款员可用扫描器逐一扫描顾客所购买的商品，听到"嘟"的声响后，说明扫描成功。若扫描不成功，则需手工录入商品条码，如图 3—48 所示。

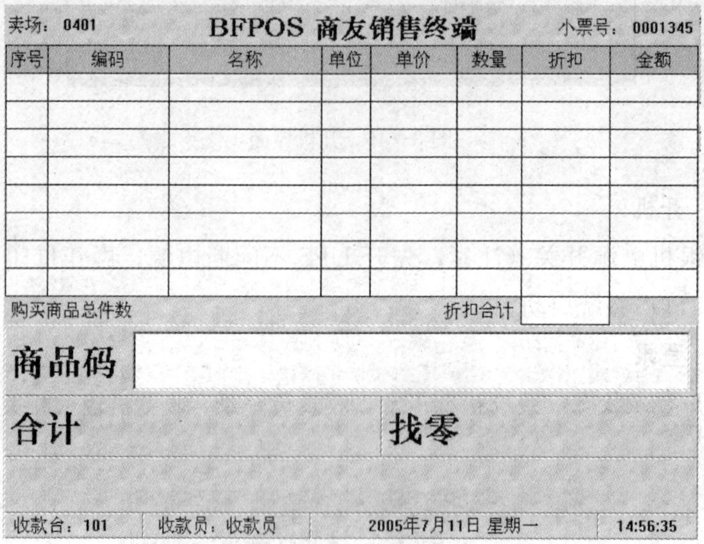

卖场：0401　**BFPOS 商友销售终端**　小票号：0001345

序号	编码	名称	单位	单价	数量	折扣	金额

购买商品总件数　折扣合计

商品码

合计　**找零**

收款台：101　收款员：收款员　2005年7月11日 星期一　14:56:35

图 3—48　录入商品条码

录入的信息会自动显示在小票界面中，同时，系统会自动计算销售总金额，结果显示在"本票合计"栏内，如图 3—49 所示。

	商品码	商品名称	单位	单价	数量	折扣	金额
1	000016	竹凉席		22.00	1		22.00
2	000030	钥匙包		85.00	1		85.00
3	000032	拉链		9.60	1		9.60
4	000033	熨斗		388.00	1		388.00
5							
	本　票　合　计						504.60

第1张

图 3—49　小票界面

如需交易分单，按"添加小票"键，扫描商品条码或手工录入商品条码，如图 3—50 所示。

	商品码	商品名称	单位	单价	数量	折扣	金额
1	000003	联营商品1		49.00	1		49.00
2	000001	恰恰瓜子	包	8.00	1		8.00
3	000002	大宝		12.00	1		12.00
4	000005	无核大枣		85.00	1		85.00
5							
	本　票　合　计						154.00

第1张　第2张

图 3—50　商品条码界面

录入完所有销售小票后，收款员按“确认”键，屏幕显示“交款”对话框，如图 3—51 所示，光标自动停在“收款方式”处。此时根据顾客实际付款情况（如现金、优惠券、支票、银行卡、面值卡等）输入收款金额，输完金额后按“确认”键，交易保存。

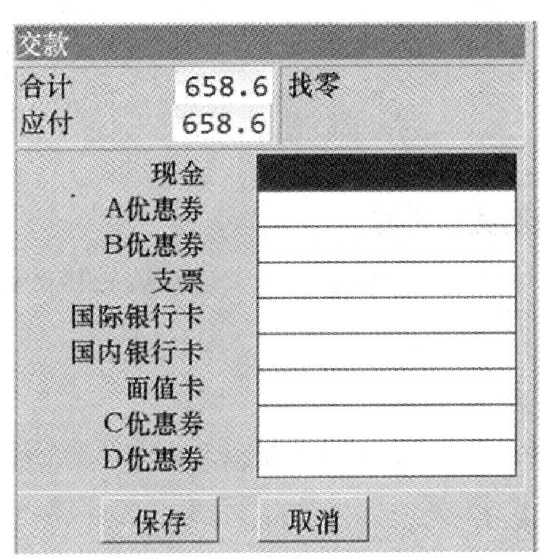

图 3—51　交款界面

步骤 5　清点、收取顾客现金

唱收顾客钱款。应唱收现金并清点，收款员应对顾客说：“收您 670 元”，然后对现金真伪进行鉴别，按币值不同分别整齐地放入钱箱，大额纸币放在下层，不能混放或放错位置。

步骤 6　合理搭配找零币值

收款员应按收银机显示的余额点数找零，按最大面值的现金组合找零，以节约零钞。例如找 11.40 元，零钱的组合应为 1 张 10 元、1 张 1 元、4 个壹角硬币，如图 3—52 所示。

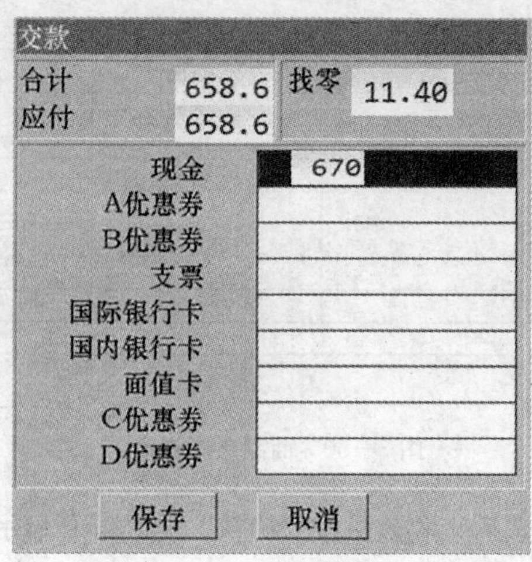

图 3—52　找零界面

步骤 7　使用打印机打印电脑小票并交给顾客

收款员单击“保存”按钮，打印机打印电脑小票，并交给顾客作为购货凭证。

三、注意事项

1. 未有顾客交款时要关闭钱箱

收款员在收款空闲时间，为了保证安全，应将收银机的钱箱关闭，不能打开钱箱点钞。

2. 准备充足的备用金

领班或值班收款员到总收银室按约定预借备用金，经清点无误后在“领取备用金记录簿”上签字（见表 3—7）。

表 3—7　　　　备用金控管方案

平日备用金控管方案			周末、节假日备用金控管方案		
币值	数量	金额（元）	币值	数量	金额（元）
50	2	100	50	2	100
10	15	150	10	20	200
1	100	100	5	40	200
0.5	50	25	1	100	100
0.1	100	10	0.5	50	25
0.05	20	1	0.1	100	10
			0.05	20	1

3. 固定收银机的维护和保养

虽然不同的固定收银机的操作规程有一定差异，但其在维护和保养方面的要求基本是一致的。一般要做到以下几个方面：

（1）应保持收银机外表整洁，不允许在机器上放置物品，做到防水、防尘、防油。

（2）操作时动作要轻，特别是在开启、关闭钱箱时要防止震动。

（3）电源线的连接应安全和牢固，不能随意搬动机器和拆装内部器件。

（4）断电关机后，至少间隔 1 分钟再开机，不能频繁开机、关机。经常检查并及时更换打印色带和打印纸，保持打印机内部清洁。

（5）定期清洗机器，除尘、除渍。

（6）及时排除一般故障，保持机器正常运转。

技能要求 2

移动收银机现金收银操作

一、操作准备

移动收银机 1 台、现金若干。

二、操作步骤

步骤 1　登录

开机后进入登录界面（见图 3—53），输入营业员代码和密码后，点击“登录”即可进入主菜单界面（见图 3—54）。

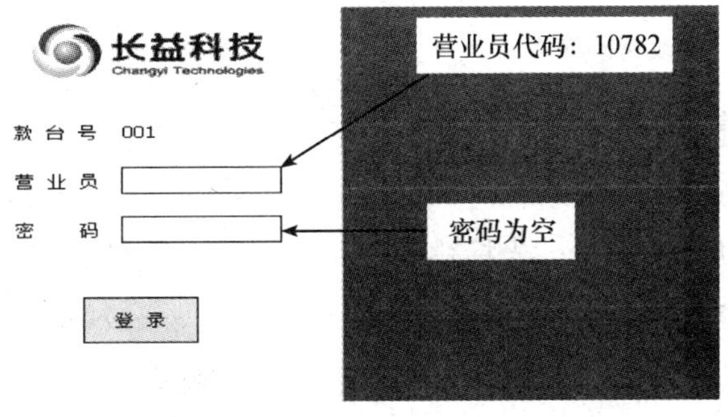

图 3—53　登录界面

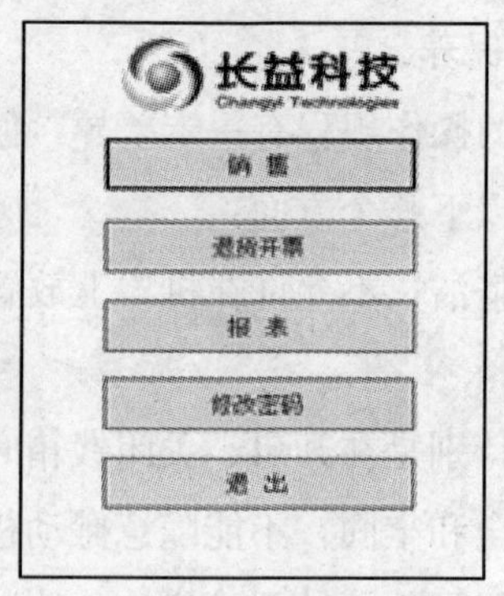

图 3—54　主菜单界面

主菜单界面包括“销售”“退货开票”“报表”“修改密码”“退出”五个选项，使用“向上”或“向下”功能键移动光标到所要选择的选项处，按“确认”键即可进入相应的菜单。

步骤 2　修改密码

进入主菜单界面后选择“修改密码”选项，屏幕显示修改密码界面，如图 3—55 所示。按要求输入原密码和新密码后，单击“修改密码”按钮，会弹出修改密码成功界面，如图 3—56 所示。

图 3—55　修改密码界面

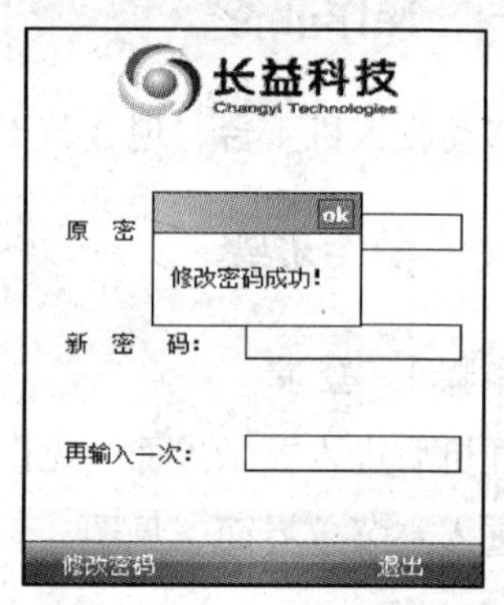

图 3—56　修改密码成功界面

步骤 3　销售

(1) 录入商品。进入销售界面后光标自动留在商品代码行，输入商品代码并按“确认”键后自动出现单价，光标跳到数量行，输入数量后按“确认”键即可。商品信息会出现在移动收银机上方的显示栏中，如图 3—57 所示。

(2) 删除商品。想要删除商品时首先选中要删除的记录，然后点击左下角的“功能”，选择“删除记录”，如图 3—58 所示，随后弹出“是否删除商品”提示窗口，选择“是”则删除商品。

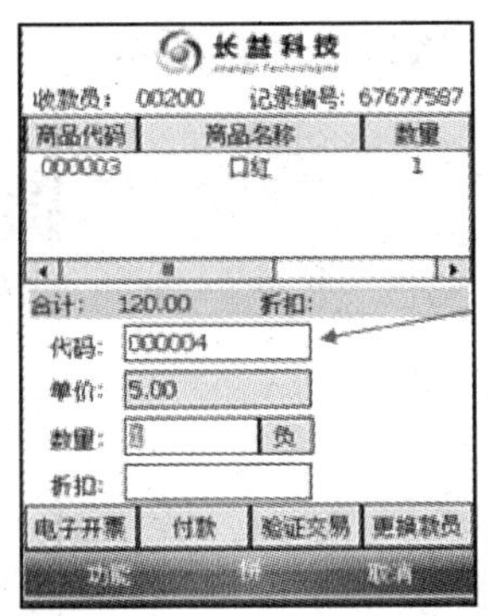

图 3—57　销售界面

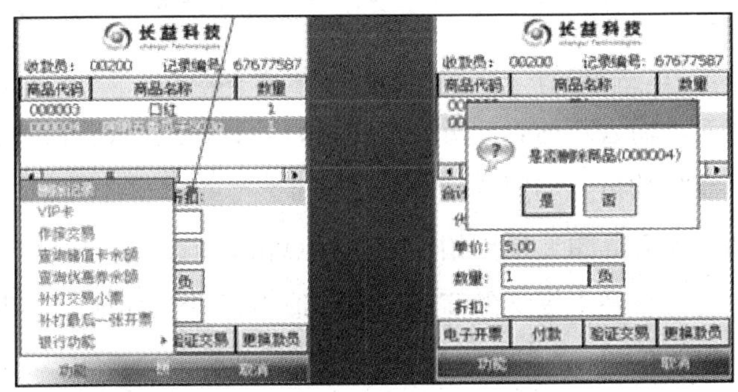

图 3—58　删除商品界面

(3) 作废交易。想要作废交易时直接点击左下角的“功能”，选择“作废交易”，会弹出“确实需要作废这笔交易么?”提示窗口，选择“是”则作废该笔交易，如图 3—59 所示。

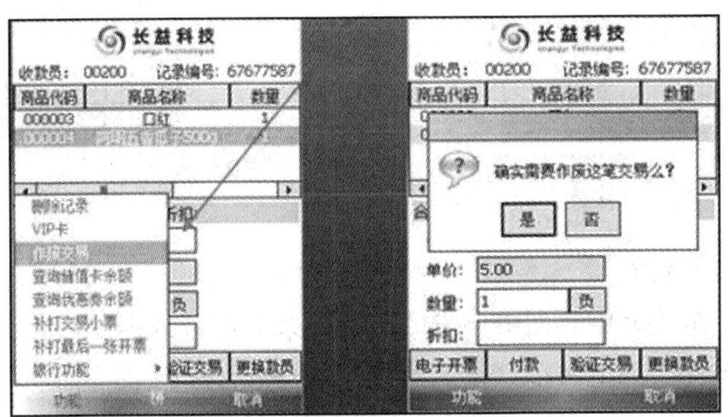

图 3—59　作废交易界面

(4) 电子开票。确认商品代码、名称、数量等无误后，点击“电子开票”，会弹出“是否需要提交电子开票数据”提示窗口，如图 3—60 所示，选择“是”则打印电子小票。电子小票打印格式如图 3—61 所示。

图 3—60　电子开票界面

图 3—61　电子小票打印格式

（5）更换收款员。在销售界面中可以直接更换收款员，点击“更换款员”即可重新进入登录界面，输入新的收款员姓名和密码后直接进入销售界面。但是，未完成交易时无法更换收款员，如图 3—62 所示。

（6）退出销售界面。想要退出销售界面，点击右下角的“取消”，如果有未完成的交易，会弹出“存在未提交的商品，是否退出?”提示窗口，如图 3—63 所示，选择“是”则退出销售界面。

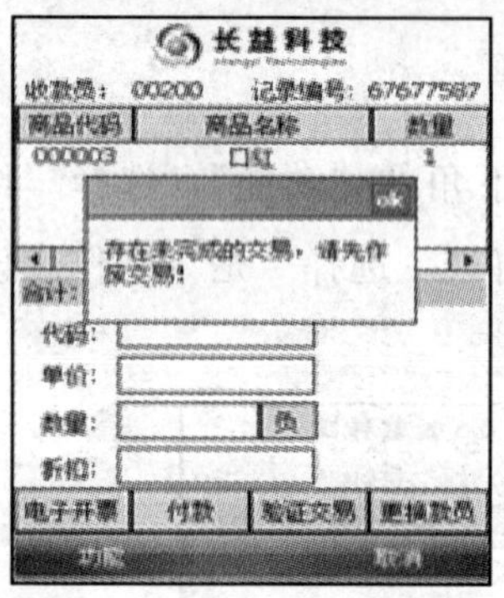

图 3—62　更换收款员界面

图 3—63　退出销售界面

步骤 4　退货开票

（1）退货。在主菜单界面中点击“退货开票”后进入退货界面。在退货界面中输入商品代码后自动带出单价，输入数量后按“确认”键，此时要退货的商品信息会在上方显示，数量为负。输入完商品代码后点击“打印”，会弹出“是否需要打印柜组退货单”提示窗口，选择“是”则打印退货单据，如图 3—64 所示。

（2）打印退货小票。点击“打印”，即可打印退货小票，如图 3—65 所示。

（3）退出退货界面。想要退出退货界面，点击右下角的“退出”，如果有未完

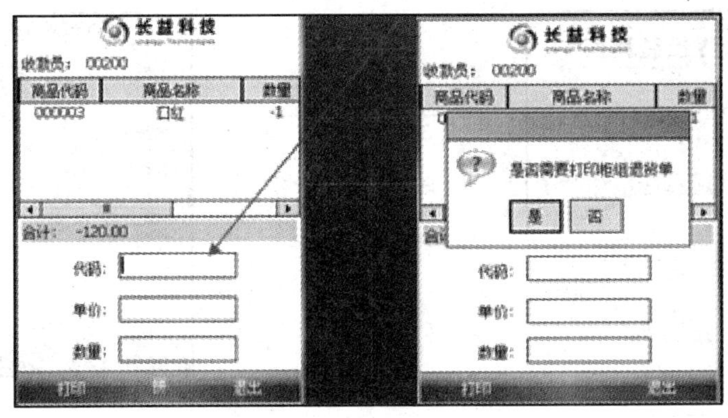

图 3—64　退货界面

成的交易，会弹出“存在未提交的商品，是否退出?”提示窗口，如图 3—66 所示，选择“是”则退出退货界面。

图 3—65　打印退货小票

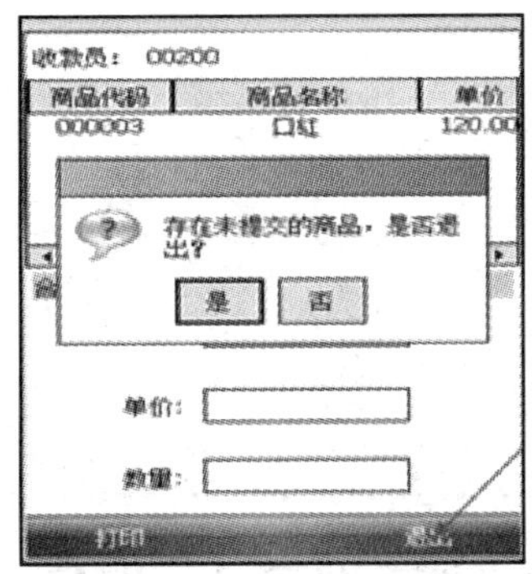

图 3—66　退出退货界面

步骤 5　报表

在主菜单界面中点击“报表”后进入报表界面。报表界面分为“电子开票报表”“销售报表（班报）”“销售报表（日报）”“退出”四个选项，如图 3—67 所示。

以电子开票报表为例，点击“电子开票报表”进入电子开票报表界面，如图 3—68 所示，报表中显示营业员、部门、开票笔数、开票金额和电子开票明细等内容。

三、注意事项

（1）日常使用设备要注意防水、防撞。

（2）使用前要及时充电，以保证正常使用，如电池电量不足，可能导致程序不能正常运行。

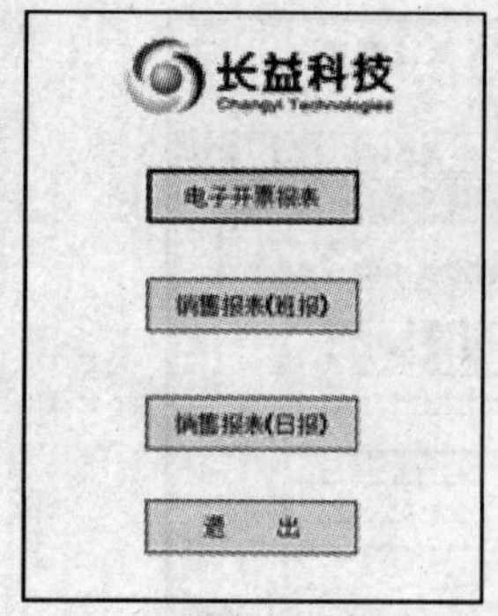

图 3—67　报表界面

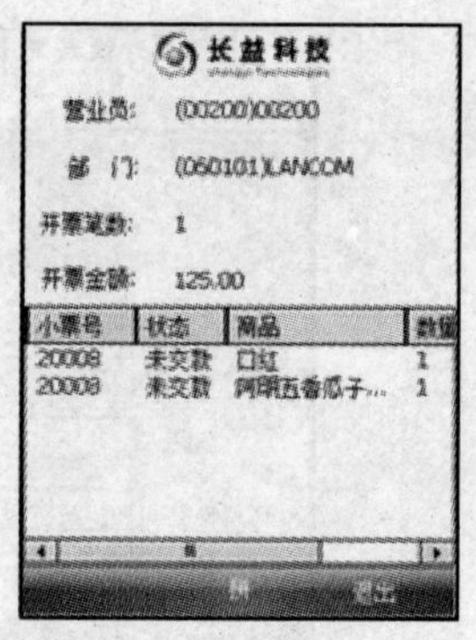

图 3—68　电子开票报表界面

（3）机器充电需要使用底座，第一次充电应保证 10 个小时以上。

（4）设备长时间闲置时，屏幕会自行关闭并进入节能状态。只要按“待机”键，即可恢复使用。

第 3 节　交　接

学习单元 1　收集、整理票据

学习目标

➢ 了解票据管理有关知识。

➢ 掌握收集、整理票据的方法。

➢ 能够分类整理各种票据。

知识要求

一、分类整理各种票据

营业员在与下一班次交接时，要对销售票据进行分类整理。各种票据包括销售小票、销售发票、商品进货单（见表 3—8）、商品调价报告单（见表 3—9）、商品削价报告单（见表 3—10）、顾客退（换）货单（见表 3—11）等。

表 3—8　　　　商品进货单

合同编号：　付款日期：　付款方式：　进货日期：　库别：

供货商：　订货单号：　批次：　单据号：

分类	商品编码	商品名称	规格型号	单位	包装系数	数量	税率	税金	不含税进价		含税进价	
									单价	总金额	单价	总金额
合计：												
结算条件：			付款：			账期：		备注：				

表 3—9　　　　××商场商品调价报告单

柜组：　　　　年　月　日　　　　字第　号

编号	品名	规格	产地	单位	盘点数量	原价	新价	差价	增加金额	备注
合计增加金额										

单位盖章：　主管：　财务：　复核：　盘点：　制表：

表 3—10　　　　××商场商品削价报告单

柜组：　　　　年　月　日　　　　字第　号

编号	品名	规格	产地	单位	盘点数量	原价	新价	差价	减少金额	备注
合计减少金额										

单位盖章：　主管：　财务：　复核：　盘点：　制表：

表 3—11　　　　顾客退（换）货单

年　月　日

商品代码	品名	数量	单价	金额	购货日期
合计	万　仟　佰　拾　元　角　分				
原因					
顾客签名			电话		
填单人			部门主管		

二、填制内部缴款单

商场、柜组售货收款方式有三种：货款合一、货款分责、自动售货自动结算。

实行货款合一的商场和柜组，营业员将当班次的销货款清点后，除限额留存的零用钱外，应全部交给出纳员，根据送交款项填制内部缴款单（见表 3—12），一式两联，经出纳员收讫盖章后保留一联。

表 3—12　　　　内部缴款单

缴款部门：　　　　年　月　日　　　　第　号

项目	张数	金额								
		百	十	万	千	百	十	元	角	分
1. 现金										
2. 刷卡										
3. 支票										
4. 现金存款凭条										
合计	佰　拾　万　仟　佰　拾　元　角　分									

业务负责人：　　会计：　　出纳：　　复核：　　制表：

实行货款分责的商场和柜组，营业员将交款凭证分类整理后与收款员对账，如金额一致，填制内部缴款单，由收款员签字盖章后各留一联，营业员根据销售小票汇总商品销售总金额。

自动售货自动结算方式不需要营业员收款，只需整理自动售货机内的商品。

三、汇集各种凭证填制报表

营业员在当班次结束时，要汇集当班次的各种进货凭证以及调、削价报告单等，遇年终、月末还要汇集各种盘点报告单，填制商品进销存日报表（见表 3—13），经财务部门复核无误后，编制商品进销存汇总表（见表 3—14）。

表 3—13　　　　××商场商品进销存日报表

部门：　　　　　　　　　　年　　月　　日

收入部分			支出部分		
项目	数量	金额	项目	数量	金额
昨日库存			销售成本		
商品购进			商品调出		
商品调入			商品亏损		
商品溢余			本日库存		
合计			合计		

表 3—14　　　　××商场商品进销存汇总表

柜组：　　　　　　　　　　年　　月　　日

商品名称	期初结存		本期进货		本期销货		期末结存		毛利润额	备注
	数量	金额	数量	金额	数量	金额	数量	金额		

编制人：　　　　　　　　　　　　审核人：

四、注意事项

（1）正确填写各种汇总票据。

（2）销售票据要完好保存，不可丢失。

学习单元 2　完成交接班工作

学习目标

➢了解交接班工作要求。

➢掌握交接班工作程序。

➢能够完成交接班工作。

知识要求

一、营业员交接班工作要求

一般商场都实行两班或者三班轮流工作制，以保证营业时间的连续性。这样一来，上一班与下一班营业员之间的交接工作就变得十分重要，交接不完全或者交接出现错误都会给下一班的工作带来很大的麻烦，因此营业员要充分重视交接班工作。具体要求可归纳为“一准”“二明”“三清”。“一准”，就是要求营业员准时地进行交接班；“二明”，就是要求营业员必须做到岗位明确、责任明确；“三清”，就是要求营业员在进行工作交接时，钱款清楚、货品清楚、任务清楚。如果上述诸方面稍有闪失，都会遗患无穷。

二、营业员交接班制度

（1）每日接班人员必须提前 10 分钟到达工作岗位，做好接班准备工作，当班人员下班前必须认真填写交班日志或交接班记录表；逐项填写清楚，无漏项，签注交班时间和工号。接班人员接班时要认真查看交班日志，签注接班时间和工号，定期将填写完毕的交班日志统一存档备查。

（2）营业员调进调出时，均需对涉及物品进行详细交接，建立人员调动交接记录本，要求每次交接记录完整准确、责任分明，并将交接记录统一存档备查。

(3) 交班人员遇到无人接班情况时，应及时向上一级领导汇报，未经允许，不得擅自离岗。

(4) 由于漏交、错交而产生的问题，由交班人员负责。由于漏接、错接而产生的问题，由接班人员负责。因交接不清所产生的问题，且责任无法分清的，由双方共同负责。

(5) 如有特殊情况，应请示值班经理。

三、交接班的工作内容

1. 交班营业员工作

(1) 整理商品。工作结束之前要对货架、货柜上的商品进行整理，将移位商品放回原位，凌乱商品要摆放整齐、有序。

(2) 清点销售小票。工作结束之前要对当日销售小票进行整理，计算当日销售金额并与收款台进行核对。

2. 接班营业员工作

(1) 更换工装。在正式上岗之前，营业员必须按照规定更换服装，不得身着不合规定的服装在工作岗位上招摇过市，若单位要求身着制服上岗，则更应当严守规定。更换工装必须在班前进行，切莫在工作岗位上当众更换。另外，要求在工作岗位上穿着的服装，如帽子、鞋子、领带、领结或手套等，也要严格遵守相应规定。

(2) 验货补货。从事商品销售的营业员需要进行的一项重要准备工作就是验货和补货。其目的主要有二：一是为了检查自己负责销售的商品是否在具体数量上有所缺失，二是为了检查自己负责销售的商品在质量上有无问题。验货时发现商品短缺，应及时报告；发现商品出现质量问题，如脏污、破损、腐败、变质、发霉等，应及时更换。

(3) 检查价签。对商品或服务进行标价时，通常要求一类一签。对于大件商品，还应做到一件一签。为防止出现差错，标价时最好使用打码机打码，尽量减少手写次数。价签上的字要大小适度，要使服务对象在距离两米远处能够看得一清二楚。价签的内容主要包括“六标”，即必须标有货号、产地、品名、单位、单价、物价员。在具体制作价签时，必须做到“六标”齐全，还要防止发生名实不符的“错位”情况。

技能要求

一、操作准备

服装架子1个、服装若干、交接班记录表等。

二、操作步骤

步骤1　清点商品

清点商品数量，上一班次营业员与下一班次营业员共同确认后签字。

步骤2　交接商品

交班营业员要将商品缺货情况交代给接班营业员，说明商品的具体型号、颜色等，接班营业员做好记录，双方签字。

步骤3　特殊事项交接

对上一班次未解决的问题（如顾客待提、待维修商品等）进行记录，由双方签字后，交下一班次人员处理。

上一班次营业员对企业通知等事项进行交接。

客户投诉交接：按照“谁受理、谁跟踪、谁答复”的原则，受理投诉的营业员应对该投诉负有直接责任。遇投诉未处理完而受理投诉的营业员下班的情形，应向下一班次营业员说明情况，由下一班次营业员接着处理。

步骤4　填写交接班记录表

营业员交接班记录表（见表3—15）记录着柜台每日交接中一些重要的工作动态，记载着需要提醒下一班次的重要事项和需要下一班次继续处理的事务。

表3—15　××商场（超市、零售企业）营业员交接班记录表

柜组名称：　　　　　　　　　　班次：　　　　　　　　　　2010年

日期	时间	交班人	接班人	交接内容 （未处理事项）	备注

三、注意事项

（1）交接班时要仔细清点商品。贵重商品（根据各柜台的具体情况，由楼层经理确定）须由两班人员共同清点、记录，无误后双方在交接班记录上签名确认。小商品待进行商品盘点时再做登记。

（2）做好交接班记录。因交接手续不清而造成的工作失误由过失方负责，无法确认责任归属的，由双方负责。

（3）交接工作应在柜台（或工作地点）进行，不得影响正常的营业秩序。交接完毕，上一班次人员应立即离开柜台（特殊情况除外），不得影响下一班次人员工作。

学习单元 3　现金清缴

学习目标

➢ 能够在每日结款时，规范准确地清点现金及相关票据。

➢ 能够掌握现金缴款单的填写要求。

知识要求

一、现金清缴安全知识

百货商店、超市及大型专卖店等营业场所人群聚集，多为小偷等不法分子作案的理想场所，如果没有相应的安保措施或不认真落实安保措施，很可能会给商家或顾客带来损失。营业员应采取必要的安保措施来保障企业营业款的安全。

在营业时间内，收银机应摆放在安全且外人无法轻易触及的位置，在每项交易完成后将收银机上锁。如果日常交易涉及大笔现金，应安装柜台保险箱，将累积的现金定时放入保险箱。营业员必须在柜台组长或收款主管打完班结报表后，将钱箱内的现金、票据等全部放入班结袋内，到总收款室清点、缴款，严禁在柜台处清点。

二、现金收缴规范

营业员在将现金送存之前，为了便于总收款室清查现金，提高工作效率，应对送存现金进行分类整理。整理方法如下：

1. 纸币整理

纸币应按照票面金额分类整理。纸币可分为主币和辅币两种，主币包括 100 元、50 元、20 元、10 元、5 元、2 元和 1 元，辅币包括 5 角、2 角、1 角、5 分、2 分、1 分。出纳员应将各种纸币打开铺平，然后按币别每 100 张为一把，用纸条或橡皮筋绑好，每 10 把扎成一捆。例如，100 元纸币一把即为 10 000 元，一捆即为 100 000 元；10 元纸币一把即为 1 000 元，一捆即为 10 000 元。不满 100 张纸币的，从大到小平摊摆放。

2. 铸币整理

铸币包括 1 元、5 角、1 角、5 分、2 分、1 分（分币也可暂不送银行，作流通用）。铸币也应按币别整理，同一币别每 100 枚为一卷，用纸包紧卷好，每 10 卷为一捆。例如，5 角铸币一卷即为 50 元，一捆即为 500 元。不满 50 枚硬币的，也可不送，或用纸包好另行存放。

3. 残币整理

残缺破损的纸币和已经穿孔、裂口、变形以及正面国徽、背面数字模糊不清的铸币，应单独剔出，另行包装。

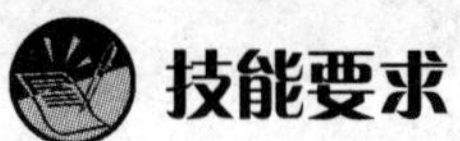

现金清缴操作

一、操作准备

收银机 1 台、现金若干、内部缴款单等。

二、操作步骤

步骤 1　打开收银机，取出现金进行清点

整理钱箱内的所有现金、支票、银行卡签购单、礼券等。

步骤 2　对现金、支票等进行分类打捆

分类整理现金、支票、银行卡签购单、礼券等，按类统一装入现金袋内，到总收款室进行清点。对现金快速、准确地过数与鉴别。

步骤 3　与销售票据进行核对

将现金与销售票据总额进行核对。

步骤 4　填写内部缴款单

核对票款后，将当日营业所收现金和银行结算单据等情况，如实填写在内部缴款单上。

步骤 5　将现金和银行结算单据及内部缴款单放入班结袋内封存

将清点好的现金和银行结算单据及填写好的内部缴款单一并放入班结袋内封存，妥善保管，迅速上缴财务部门。

步骤 6　与出纳员交接现金、票据

出纳员根据营业员填写的内部缴款单核对现金、票据等各项内容，核对无误后签字；若发现现金数额出现盈余或短缺现象，并超过允许范围，应查明原因。

步骤 7　营业员、出纳员签字确认

营业员、出纳员均在内部缴款单上签字确认，营业款上缴结束。

三、注意事项

（1）妥善保管现金。营业员上缴钱款时，应妥善保管现金，不要在公共场所闲谈、逗留，不得随意把班结袋交由他人代缴。

（2）上缴现金时，营业员应与班组长或保安人员等一同送存，确保安全。

思　考　题

1. 填写销售小票有哪些要求？
2. 支票填写的主要要求是什么？
3. 识别假币的主要方法有哪些？
4. 营业员交接班工作要求有哪些？

参考文献

1. 周疏影. 营业员［M］. 北京：中国劳动社会保障出版社，2009.

2. 阮成，梁俊. 营业员（基础知识）［M］. 成都：西南财经大学出版社，2007.

3. 张杰. 超市商场销售员职业技能培训［M］. 北京：电子工业出版社，2007.

4. 奚华. 商场超市金牌营业员培训手册［M］. 北京：中国商业出版社，2007.

5. 浩瀚，李生禄主编. 商业服务业英语实战实例［M］. 北京：北京航空航天大学出版社，2009.

6. 陈建华主编. 如何解决投诉难题［M］. 北京：中国经济出版社，2010.